銀行業務検定試験

# DX
# ビジネス
# デザイン

## 公式テキスト
## &
## 問題集

経済法令研究会 ［編］

経済法令研究会

# はじめに

　現在、金融機関を含めた各企業は、サステナブルな経営に向け様々な取組みを行っています。人流クライシスや物流クライシス、災害激甚化といった社会課題に直面する中、行政による新しい社会基盤づくりに合わせて、経済界や産業界は急務であるDXを推進している状況です。

　金融機関も例にもれずDXを進めており、同時に取引先のDX推進をサポートするべく積極的に取り組んでいます。ビジネスが急速に変化を遂げている中、各金融機関は地域の環境や個人・法人の状況等に合わせて変革していかなければなりません。その変革には、金融機関の経営陣だけでなく、本部や各営業店、各担当者が一丸となって行動することが必要になります。

　現在、各金融機関はデジタル人財の増加を目指し、人材の採用・育成を行っています。態勢も変えつつ、内部研修や外部組織への派遣なども実施しています。

　しかし、いかに短期間にPDCAサイクルを回せるDXであっても、取引先のDX支援となれば長期的な視点で臨まなければならず、簡単に進まないこともあります。当然、各担当者には相応の知識や実務能力が求められるのですが、実はDXのハードルの高さに悩む人が少なくありません。

　銀行業務検定試験「DXビジネスデザイン」は、DX支援のスキルを向上させ、発揮する能力の程度を測る試験です。取引先の現状を理解し支援するために、データ分析やデジタル技術、DXの手法・ツール等の必要不可欠な知識に加えて、取引先の課題を把握する力や解決策の考え方、アドバイス力、提案力などの習熟度を明らかに

します。

　本書は、銀行業務検定試験「DXビジネスデザイン」の公式テキストです。試験を受ける際に押さえておきたいポイントをまとめており、Chapter 2～6にはそれぞれ確認問題を掲載しているため理解度をチェックできます。

　なお、本書の後半部分には「DX支援のハンドブック」になる付録を付けました。取引先に対するヒアリングの仕方や提供したい情報、活用できるツールなど、日頃の活動で役に立つものを盛り込んでいます。また、本部の専担部署にトスアップするとよい情報や連携の仕方なども解説しているため、実践に活かせることは請け合いです。

　取引先のDX支援にあたって、本書を手に取り、日頃の活動の参考にしていただければと思います。業務の様々な場面で、お役に立てれば幸いです。

2024年3月

経済法令研究会

## 銀行業務検定試験「DXビジネスデザイン」実施要項

| 出題形式 | 四答択一式　35問（1問各2点　計70点）<br>記述式　　　2題（各15点　計30点） |
|---|---|
| 合格基準 | 100点満点中60点以上 |
| 試験時間 | 120分 |
| 受験料 | 7,150円（税込） |
| 出題範囲 | **(1)顧客ビジネス理解**<br>経営理念／提供価値の整理（3C・STP・MM）／経営資源の整理（技術資源分析・商品分析・営業分析・財務分析）／強みと弱みの分析（バリューチェーン・VRIO分析）／マクロ環境の分析（PEST分析）／業界構造の把握（5F）／今後の方向性の検討（クロスSWOT分析）／ビジョンを描く（ビジネスエコシステム・外部パートナーとの協力・BMC・KGI）／ビジョン実現のための方策（KPI・BSC）など<br><br>**(2)データ分析**<br>データ分析の手順／データの種類／データの取扱い／データ分析の代表的手法／データ集計／データ可視化／データ加工／検定　など<br><br>**(3)デジタル技術**<br>クラウドコンピューティング／IoT／人工知能（AI）・機械学習／ブロックチェーン技術／AR・VR／ビッグデータと分析／3Dプリンティング／モバイル技術・アプリケーション　など<br><br>**(4)DXの取組み**<br>ビジネスモデルの変革（eコマース・サブスクリプション・プラットフォーム・シェアリングビジネス・マッチング）／売上拡大のためのDX（CRM・MA・デジタルマーケティング・SNS活用）／社内プロセス改善のためのDX（デジタルBPR・コラボレーションツール・BIツール・プロセスインフォマティックス）／金融機関のDX　など |
| 試験方式 | 第158回銀行業務検定試験<br>初回　2024年6月2日（日）<br>以降、毎年3月実施 |

※実施要項は変更になる可能性があります。

# 本書のご利用にあたって

**Lesson Start !** ▶ 本書を手に取る

**Step 1** 各Chapterの内容を読んで、基礎知識を習得する

**Step 2** Chapter 2〜6の確認問題を解いてみる

**Step 3** 確認問題の解答と解説で、
理解度や分析力をチェックする

**Step 4** 理解できていないところがあれば、
集中的に復習する

**Step 5** 力試しに、銀行業務検定試験
「DXビジネスデザイン」を受験する

**Action !** 本書や試験で習得した知識やノウハウを
取引先のDX支援で発揮する

# Contents

## Chapter 1 取引先のDXと支援の必要性

## Chapter 2 取引先のビジネス把握に必要な知識

Chapter

# 3 データ分析の理論と手法

Chapter

## 5 DXのソリューションと取組み

Chapter **1**

# 取引先のDXと
# 支援の必要性

# Section 1 DX推進の背景と社会的な期待

## 1 DXの概念と定義

　情報通信技術（Information and Communication Technology：ICT）の発展は、社会全体の仕組みや活動を大きく変えました。近年では、ビッグデータや人工知能、データサイエンスなどのデジタル技術とビジネスの橋渡しとなるキーワードをよく耳にするようになっています。このような状況は、DXが社会やビジネスにおいて喫緊と認識されている中で、さらに身近なことになっていると思われます。

　DXは「Digital Transformation」の略称であり、直訳すると「デジタルによる変革」です。DXの概念は、スウェーデンのウメオ大学のE.ストルターマン教授が2004年に「ICTの浸透が人々の生活をあらゆる面でより良い方向に変化させること」として提唱しました。その後、ICTが急速に発展し意味が拡大しましたが、経済産業省は「デジタルガバナンス・コード2.0」の中で次のように定義づけを行いました。

> 企業がビジネス環境の激しい変化に対応し、データとデジタル技術を活用して、顧客や社会のニーズをもとに、製品やサービス、ビジネスモデルを変革するとともに、業務そのものや、組織、プロセス、企業文化・風土を変革し、競争上の優位性を確立すること

　すなわち、DXとはデジタル技術の活用による新たな製品やサービスの提供、新たなビジネスモデルの開発を通して、社会制度や組織文化なども変革していく取組み全体の概念と定義づけています。

## 2　ビジネス環境の急速な変化とDXへの期待

　ビジネスの維持・発展には、常に世の中の変化に対応することが欠かせません。近年、ビジネス環境が急速に変化しており、様々な業界で参入障壁が低くなり、ブルーオーシャンであるはずの新規市場があっという間にレッドオーシャンに変わるという状況にもなっています。PDCA（Plan→Do→Check→Act）サイクルについては「鬼速PDCA」という言葉も出現しており、より迅速にサイクルを回すことが求められるようになっています。

　また、消費者のニーズが多様化している中で、企業は自社の強みや弱みを正しく把握したうえで、ターゲット市場のニーズに合った価値を提供することが求められます。

　企業にとっては現状のままの経営で生き残ることが難しくなっている状況です。社会的にデジタル化が進み、その効果が認められており、おおいに期待されています。企業にはデジタルによる変革が求められているため、DX推進は必要不可欠になっています。

### データ分析を巡る環境の進化も影響

　多種多様で大量のデータが蓄積されたビッグデータや、高度な計算を安価かつ大規模に行えるクラウドなどもあり、データ分析の環境は各段に進化しています。各種のBIツールや分析プログラムも利用しやすくなりました。

スマートフォンやタブレットの普及によって、いつでもどこでも必要なデータにアクセスできるようになっています。ビジネスのあらゆる場面では、すぐにデータの確認や分析・評価が行われるようになりました。こうした状況は、だれもがビジネス課題や市場の新たな機会に直面した際に、データに基づいた科学的な判断や意思決定を行える時代になったことにもつながっています。

企業におけるDX推進はデータ分析の環境の進展もあり、注目され期待も高まっています。データに基づいた判断も重要であり、データの収集や分析で最適な戦略を策定・実施することが問われるでしょう。

## DXの本質の認識が必要

デジタル化といえば、交通系ICカードの登場を思い浮かべる人が多いかもしれません。鉄道会社での導入当初は切符購入の代わりに交通系ICカードのタッチで電車が利用できるだけでした。以降、交通系ICカードの展開は単なるデジタル化だけにとどまらず、システムやインフラの拡充を合わせることで、人々の行動を変容させました。現在では交通系ICカード1枚で、電車・バスの乗り換えや買い物などが行われるようになっています。こうした変容にDXの本質があります。

データやデジタル技術を活用すれば、すぐさまDXが実現できるわけではありません。DXを実現するためにデータやデジタル技術を活用するのであって、デジタル化はあくまでもDXの手段の1つです。デジタル化から新たなビジネスや価値が創造されていくという発想や行動が求められています。

# 継続的なDX支援に必要な知識と能力

D Xとは、デジタル技術を活用して、ビジネスモデルや組織文化、業務プロセスを根本から変革し、イノベーションと成長を促進することを指します。DX支援においては、単に取引先の経営状況を把握するだけでは、DXを通じた将来の継続的な発展を見出すことはできません。また、DX推進を継続的に支援していくためには、多岐にわたる知識やノウハウが担当者に必要となります。例えば、以下のようなことです。

● 取引先のビジネスの理解力

　取引先のビジネスを理解するには、その企業が社会でどのような役割を持ってビジネスを進めているか、明確に理解することが必要です。取引先を巡る環境を分析し、ステークホルダーとの関係を考慮しながら、顧客経験（Customer Experience：CX）を深化させるためにどのようなことが実施できるか明らかにしていきます。

● データ分析の知識

　DX推進の際には、様々なデータを活用・分析して、新たな商品やサービス、市場を創造していく観点も重要です。データを集めるだけではその糸口が分かるわけではなく、データの特徴を把握して関係性を明らかにすることがカギになります。また、戦略を策定するために実験的方法を試す場面でも、データ分析が有効であり、知識が必要です。

●**デジタル技術の知識（取引先との親和性を考える力）**

　DX推進には、デジタル技術の活用が不可欠です。基盤技術として、クラウドコンピューティングやIoT、機械学習、人工知能などの技術の特徴を知ったうえで、取引先のビジネスとどう融合することができるのか想定できる力が求められます。

●**DXに活用できるソリューションの知識**

　DX推進では、PDCAサイクルを回します。その中で、何を実現したいか、そのためにどのようなシステムやツール等を活用するかを検討し、最適なことを実施します。こうした取組みに対する支援には実行力が問われますが、前提としてソリューションの有効活用に関する知識が求められます。

●**DXに向けた総合的活動能力**

　ドメイン知識やデータサイエンス技術に関する知識などを駆使し、問題解決や機会発見につながる広く深い洞察力が必要になります。

Chapter **2**

# 取引先の
# ビジネス把握に
# 必要な知識

# Section ① DXの方向性の考え方と金融機関の関わり

DX推進は、「デジタル化ありき」で考えてしまうとうまくいきません。デジタル化は企業の事業を繁栄させる手段の1つに過ぎないからです。

DX推進では、まず企業の現状をあらためて整理し、事業繁栄のための方向性を定め、戦略や施策に展開していくことが肝要です。そして、決定した方向性に沿ってデジタル化を進め、DXにつなげていきます。

DX推進にあたっては、「❶経営理念・パーパス（存在意義）」「❷ビジネスの現状」「❸環境変化」「❹ビジョン」「❺DXの方向性」（図

■図表1　DX推進において経営者が明確化すべきこと

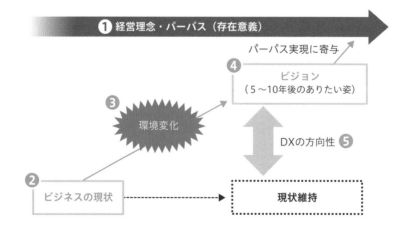

■図表2　DXの方向性を見出すまでの支援ステップ

| | 支援ステップ | 具体的な支援内容 | フレームワーク等 |
|---|---|---|---|
| ① | 経営理念・パーパスを確認する | ・長期的な会社の在り方について確認する<br>・環境変化に適応するために新たに設定し直すための支援を行う<br>※明文化したものがない場合には経営者から聴取する | 存在意義確認のための質問 |
| ② | ビジネスを把握する | ・取引先の現状のビジネスの立ち位置（競合優位性）から現在の提供価値を整理する | 3C、STP、MM、PLC、経営資源の分析、バリューチェーンとVRIO分析 |
| ③ | 環境変化を捉え、経営革新の方向性を見出す | ・マクロ環境や業界環境の変化に伴って変革が必要であることを認識してもらう<br>・合わせて、強みを活かした方向性を共に考え具体化 | PEST、5foreces、クロスSWOT分析、エリアマーケティング |
| ④ | ビジョンの策定と実現を模索する | ・環境の変化に適応し、パーパスを実現するための中期的な到達点とビジネス基盤を定める | KGI、KPI、BSC、ビジネスエコシステム |
| ⑤ | DXの方向性を見出す（現状とビジョンの差分を埋める方策の検討） | ・ビジョン実現のために変革すべきことに対するDX活用施策を検討する<br>・DX施策に関して情報提供やアドバイス、提案を行う | |

表1）を明らかにすることが必要です。

　ただし、取引先によってはこれらを十分に明示していなかったり、経営者自身が漠然と考えているだけであったりということもあります。

　金融機関の担当者が行うべきDX支援は、取引先に寄り添いながら図表1の❶〜❺を明らかにして実現に向けてサポートすることです。具体的には、図表1の❶〜❺に合わせて、図表2の①〜⑤の支援ステップに取り組みます（❶と①、❷と②、❸と③、❹と④、❺

と⑤がリンクする）。

　以下では、金融機関の担当者による①〜⑤の支援ステップについて具体的に解説します。

### ①経営理念・パーパスを確認する

　経営者が事業においてどのようなことを本質的に大事にしているか把握します。デジタル化によってどんなに業務が効率化できても経営理念に沿ったことでなければ、本末転倒になってしまいます。金融機関の担当者は、日頃から取引先を様々な角度で支援していると思いますが、十分な現況情報へのアップデートができているとは限りません。あらためて確認することで、実際のところを把握しましょう。

### ②ビジネスを把握する

　取引先がどのようなビジネスを展開しているか把握します。具体的には、どのような顧客を対象にして、どのような価値を提供しており、競合他社に対してどのような優位性を確立しているか明らかにします。取引先の情報を収集し、それらをもとに、マーケティングの観点から特徴を捉えます。

### ③環境変化を捉え、経営革新の方向性を見出す

　取引先の外部・内部の環境変化を適切に捉えることは重要です。例えば、コロナ禍は多くの企業のビジネスの在り方を一変させました。最近の円安や原材料等仕入価格の高騰によって事業の方向性を変えた企業もあります。

　こうした外部環境や内部環境の変化に適応するためにも、企業にはDXが求められるのです。取引先の置かれている環境やそれに伴う影響などを捉えて、取引先の革新の方向性を見出します。

## ④ビジョンの策定と実現を模索する

　経営理念・パーパスは、長期的視点で見た抽象度の高いものです。ここでいうビジョンは、より短期的で具体化したものをいいます。5〜10年後の将来について、定量的な数値で表された目標を設定することが欠かせません。例えば5年後の目標売上高100億円とか、社員数100名といった数値目標を掲げます。ビジョンには、目標達成の期限があります。経営理念を実現するための中間目標と捉えるとよいでしょう。取引先に具体的なビジョンが策定されていなければ、策定の方法をアドバイスする、あるいは策定をサポートします。

　合わせて、ビジョンの実現化に向け、取引先の情報共有化・意識醸成や、有効な情報の提供などを行います。

## ⑤DXの方向性を見出す

　デジタルを活用してどのように事業変革していくか、DXの方向性や施策を仮説・検討し見定めていくというプロセスです。

　以上①〜⑤のステップでDXの方向性までを見出し、金融機関と取引先とで情報共有を行います。取引先自らが各種フレームワーク等を活用して、実践できれば問題ありません。しかし、そもそもフレームワーク等が分からなかったり、やり方が分からなかったりします。そのような場合は21ページの図表2のようなフレームワーク等を活用することをアドバイスしたり、金融機関の担当者自らがそれらを駆使して明確化したりするとよいでしょう。

# 取引先の経営理念・パーパスはこうして確認する

**D** X支援を含めた各種支援にあたっては、企業経営の基軸といえる経営理念・パーパス（存在意義）を確認することが重要です。

大企業では、図表3で挙げた経営理念やミッションなどを掲げていることが多いですが、中小企業の場合は明確になっていないことも少なくありません。その場合は、経営者の想いや考えなどを聴き出し、明らかにすることが重要です。

ヒアリングをする際の質問は、大きく「使命と目標」「文化と価値観」「意思決定」の3テーマに分けられます。26ページの図表4に質問のポイントをまとめていますので、参考にしてください。

## 使命と目標をテーマにした質問の例

**銀行員**「御社の社会に対する使命はどのようなことと考えていますか」

**社　長**「使命？　そんな大層なことは考えていないよ。ただ、地域のお客様に良いサービスを提供し続けて、信頼される店でありたいね」

**銀行員**「そのために、今後5年で何か行おうとしていることはありますか」

**社　長**「次の5年かぁ、もう少し従業員を増やして、周辺にもう1

■図表3　経営に関わる言葉の意味と定義

| 言葉 | 意味・定義 |
|---|---|
| 経営理念 | 理念とは、「根本的なものや価値観」という意味。経営理念とは、企業が何のために事業を行うのかという、経営そのものに関する考え方のこと |
| ミッション | 「使命」という意味がある。企業のミッションとは、社会における企業の役割や存在意義を表す。経営理念とミッションが同じことであることが多い |
| パーパス | 「目的、意図、意義」を意味する言葉。ビジネスシーンにおいては「自社は何のために存在するのか」という存在意義を示す。2000年代前半から欧州企業などで語られ始め、日本でもここ数年パーパスを提唱する企業が増えてきた。日本に従来からある経営理念やミッションという概念とほぼ同じ使われ方をする |
| ビジョン | 「見通し」という意味があり、ビジネスシーンではそこから派生して、「企業の展望・将来像や、事業展望」という意味で使われる |
| バリュー | 「価値」という意味があるが、ビジネスシーンでは「組織共通の価値観や価値基準」を指す。ミッションを実現し、ビジョンを達成するための意識や行動指針になる |

店舗開けたらいいなぁ。お客様も増やしたいし、もっと利用しやすい店にしたいから」

## 文化と価値観をテーマにした質問の例

銀行員「御社の社風や雰囲気をどのように見ていますか」

社　長「うちの会社は小さいから、従業員がみんな家族みたいなものだよ。困ったときはお互いに助け合うし、みんなで力を合わせて仕事を進めてくれているしね」

銀行員「素晴らしいですね。良い組織文化だと思います」

社　長「ふ〜ん、そうかねぇ。当たり前のことのようだが…」

銀行員「そのような組織を形成するのに大事にしていることは何で

■図表4　存在意義を明らかにする質問のテーマとポイント

| 質問のテーマ | 質問のポイント |
|---|---|
| 使命と目標 | 企業が何を目指しているのか、どのような価値を提供しようとしているのかを聴取。具体的な事例や近い将来の計画をたずねることで、ビジネスの動機や目的を把握し、経営者の意思決定に対する理解を深めることができる |
| 文化と価値観 | 従業員の行動規範や社内の雰囲気、価値観の共有方法などについてたずねることで、企業の組織文化や考え方が明らかになる |
| 意思決定 | 経営者の意思決定プロセスと、それに影響を与える要因を理解するために、過去の重要な決定や将来の計画策定経緯について具体的にたずねる。経営者がどのような情報に基づいて決定を行い、どのようなリスクを認識しているかを質問することで、経営者のリーダーシップやビジネスへのアプローチを理解することができる |

すか」

社　長「みんながみんな頑張っていて、その努力をお互いに認め合うことが大事なんじゃないかな。それに仕事において正直であるということだと思う」

## 意思決定をテーマにした質問の例

銀行員「社長は、新しい市場や製品への投資について、どのようことを基準にして意思決定していますか」

社　長「正直なところ、直感とお客様の声だね」

銀行員「例えば直感とは？　過去のお話をお聞かせください」

社　長「2年前に新製品用の製造ラインを新しく入れただろう。あのとき、これから受注が増える予感がしたんだよ」

銀行員「しかし、設備投資で製造力をアップさせても、その分利益が上がるとは限らなかったのではないですか」

社　長 「もともとうちの技術力を見込んでくれているところはあっ
　　　　たし、まぁ、新製品の採用が増えてきていたから、設備投
　　　　資しても、これはいけると思い切ったんだ」

銀行員 「大きな設備投資でしたし、思うほど受注が増えないという
　　　　リスクもあったでしょう」

社　長 「そうだね。でも、受注の声に応えられないリスクのほうが
　　　　大きいと感じたんだよ」

# 取引先が展開する ビジネスはこうして 把握する

## 1 提供価値を整理する方法

　企業活動の本質は、顧客や社会に価値を提供することです。取引先がだれのどのようなニーズに対して、どのような価値を提供しているかを整理できるフレームワークがいくつかあります。

### ①3C

　取引先のビジネス展開を整理する際に、3Cというマーケティングのフレームワークが役立ちます。3Cは、当該企業がだれに対して（Customer：顧客）、どのような企業と競合していて（Competitor：競合）、どのような強みを活かして価値を提供しているか（Company：当該企業）を整理するものです。

　一番重要なのは、顧客です。まず、だれに対してビジネスを展開しているのか、顧客を定義づけします。そして、顧客が抱えているニーズを探索します。

　競合については、どのような企業か、どのように顧客ニーズを取り込んでいるかを調査します。

　競合他社に打ち勝ち、顧客からの支持を取り付けるには、競合他社よりも魅力的な価値を提供していくことが重要です。そこで、取引先の強みと弱みを明確にします。さらに、顧客ニーズに対して、競合他社が対応できない、いわゆる弱いポイントをついて当該企業

の資源を集中させていけばいいわけです。

## 競合とは異なる提案が考えられる

　エリア内に複数店舗を出店している美容院について、3Cで考えてみます。立地するエリアはオフィス街で、若いビジネスパーソンが多いので、20代の男女をターゲット顧客に設定します。ヘアスタイルに対する主なニーズは、ビジネスパーソンとして相応しいものと考えます。それに対して、競合する美容院もビジネスパーソンを対象とした戦略を展開していることが分かりました。

　競合他社と差別化できる価値を考えるうえで、さらに顧客の特性やニーズを調べます。店舗近隣のオフィスに勤務する20代男女にヒアリングしたところ、外勤（得意先への訪問）や接客をしている人が多く、平日はカチッとしたヘアスタイルにしていることが多いとのことです。一方で、休日等のプライベートで遊びに出かけるときには、おしゃれをしたいというニーズもあり、カジュアルにアレンジできるヘアスタイルの提案が有効そうだと考えました。

　このように、3つのCをバラバラに考えるのではなく、顧客のニーズと競合他社の強みや戦略を探り、競合他社には手が出せない、もしくは手を出していない（訴求していない）アプローチを模索します。

## ②STP

　STPは、Segmentation（セグメンテーション）とTargeting（ターゲティング）とPositioning（ポジショニング）の頭文字をとったもので、マーケティングプロセスの中で最も重要といわれる概念です。有効な顧客分類を見出し、その中から最も効果の期待できるタ

ーゲット層を見定め、そのターゲット層に対する商品やサービスの優位を獲得するために活用されるフレームワークです。アメリカのフィリップ・コトラーによって提唱され、多くの企業で取り入れられています。

デジタルマーケティングが進展する中で、STPは古いという意見があります。というのも、いまは顧客や生活者が新商品や新しい使用方法を自由に拡散してくれます。メーカーは商品やサービスに関する情報を整理しておき、良好な口コミが拡散されたタイミングで、その波に乗ればよいという考えが広まっているからです。

デジタルの世界は、施策を展開するのも、その結果が出るのもスピーディーです。とにかくトライ＆エラーを積み重ねるほうが実務的という考えが根底にあります。

確かに結果から学ぶことは重要です。ただし、WebサイトやSNSで広告や口コミがあふれる状況で、人の心をつかむにはSTPは有効な思考プロセスといえます。人は多くの情報に接したときに、自分に関わりのある情報かどうかを判断基準にするからです。以下で、Ｓ・Ｔ・Ｐについてそれぞれ詳しく見ていきます。

●顧客をニーズで束ねる「セグメンテーション」

セグメンテーションは、ターゲットとなる顧客を選定するにあたって、顧客をいくつかのグループに分けるということです。顧客は十人十色どころか100人いれば100の特性やニーズがあります。顧客の最大公約数を求め、グループ化するというのがセグメンテーションの意義です。

グループ化するには、基準が必要となります。ＢtoＣのセグメンテーション分類軸で最も基本的なものは、人口動態変数です。変数

■図表5　セグメンテーションの分類基準

| BtoC（消費者向け） | | BtoB（企業向け） | |
|---|---|---|---|
| **地理的変数** | ・居住地<br>・気候<br>・県民性 | **事業環境・<br>経営特性** | ・業界<br>・事業規模<br>・営業基盤<br>・収益構造 |
| **人口動態変数** | ・年齢・性別<br>・家族構成<br>・職業・所得 | **購買特性** | ・購買頻度<br>・意思決定プロセス<br>・仕様要求 |
| **心理的変数** | ・ライフスタイル<br>・パーソナリティ | **使用特性** | ・人数、組織、スキル<br>・使用頻度<br>・業務プロセス |
| **行動変数** | ・ベネフィット<br>・使用・利用シーン<br>・生活行動 | **ニーズ特性** | ・技術<br>・ニーズ洗練度<br>・サービス要求 |

である年齢や性別によって、消費財の嗜好やニーズは異なる傾向があります。例えば、食の傾向として、若い人や女性は比較的甘いものを、中高年の男性は甘さ控えめのものを好みます。10～20代の若者は空腹を満たしたい欲求が勝り、ガッツリした食事を好みます。シニア層はおいしいものを少しずつ食べたいと考えます。地理的な変数も基本的なものであり、例えば寒い地域と暑い地域では食べるものや着るものの傾向が異なります。近年では、心理的な変数や行動変数という人の関心や行動をベースにした分類軸も重要になっています。

　BtoBのセグメンテーション分類軸には、事業環境や経営特性のほか、購買特性、使用特性があります。さらに、どのような商品やサービスを望むかというニーズ特性による分類があります。

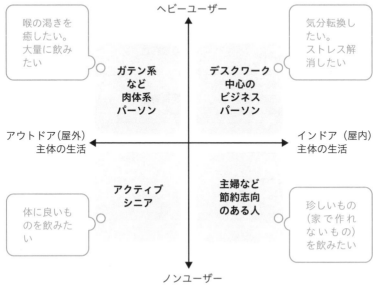

## 各セグメントの特徴がより明らかになる

　セグメンテーションでよく行うのが、２軸の掛け合わせです。分類基準が１つだけでは典型的な顧客分類にしかならず、独自色を出すことが難しいためです。２つの分類基準を軸にしたマトリクスでセグメンテーションをすると、有効性が高まります。

　ＢtoＣの場合で、例えば清涼飲料水メーカーの顧客（見込客を含む）を２軸でセグメンテーションしてみます。清涼飲料水をどの程度飲用するかを縦軸にとり、生活で滞在する主な場所が屋内なのか屋外なのかを横軸にとります（図表6）。４つに分けたセグメント（区分）にはそれぞれ、清涼飲料水に対して異なるニーズがあることが

想定できます。２軸でセグメンテーションすることで、各セグメントの特徴がより明らかになり、具体的な顧客のニーズを発見することができます。

　２軸のセグメンテーションを実施する際の留意点としては、次の３点があります。

---

・それぞれのセグメントがMECEであること……MECEとは、Mutually Exclusive and Collectively Exhaustiveの略で、「漏れなくダブりなく」という意味。顧客それぞれが１つのセグメントに分類できることが重要になる

・セグメントごとにニーズが異なること……異なるセグメントのニーズが同一ではセグメンテーションの意味はないので、ニーズに差異があるかどうかを確認する

・縦軸と横軸が相関しないように選定すること……相関とは、縦軸が増えれば横軸も増える（もしくは減る）という２つのデータの関係をいう。縦軸と横軸が相関関係にあると、顧客が左下と右上に集中してしまうので、意味がない

---

## 魅力度と競合優位性の２軸が有効

　BtoBのセグメンテーションを２軸で行う場合に有効なのは、縦軸に「魅力度」、横軸に「競合優位性」を置く方法です。魅力度とは、ビジネスで得られる成果が高いか低いかということです。顧客の購買力（バイイングパワー）が高いかどうかや、顧客の意思決定が速く商談プロセスが短くて済むかどうかが該当します。競合優位性とは、競合他社と比較してどの程度優位にビジネス展開できるかどうかということです。顧客企業との親密度やLTV（ライフタイムバリュー・購買累計）などが基準になります。LTVが高い場合は、

取引が長期間継続している、様々な商品を納品していて競合他社よりも優位に商談が進められると考えます。

●顧客を絞り込む「ターゲティング」

　ターゲティングでは、セグメントそれぞれについてビジネス展開した場合の価値を評価し、どのセグメントでマーケティング活動を行うか選択します。フィリップ・コトラーは、セグメント評価の基準として次の3点を挙げています。

---

ⓐセグメントの規模と成長性
ⓑセグメントの構造的魅力度（収益性）
ⓒ企業の目標と資源（長期的目標・必要資源・スキル）

---

　ⓐは、各セグメントがターゲットとするのに相応しい規模であるか、成長性があるかどうかを見ます。相応の顧客を対象としたいですし、将来的に拡大を見込むことが重要です。

　ⓑは、各セグメントについて収益を上げられるかという観点で評価します。限りある経営資源を投入するわけですから儲からなければ意味がないということです。

　ⓒは、各セグメントについて経営理念や経営資源に合致しているかどうかを評価します。例えば、一般生活者に対して便利な商品を提供するという経営理念にもかかわらず、一部の富裕層を対象とするのは「言っていることとやっていることが違う」ことになります。加えて、セグメントのニーズを満たすだけの価値を提供する力があることも重要なことです。

●顧客に特長を印象づける「ポジショニング」

　ポジショニングは、マーケティングの中で最も重要な考え方です。

セグメンテーションもターゲティングも、ポジショニングのために検討しているといっても過言ではありません。ポジショニングによってターゲット顧客に商品やサービスの特長を印象づけて選んでもらうことを狙います。

　ポジショニングを設定する際の視点は次の3点です。

---

　㋑どのような顧客ニーズに着目するか
　㋺競合他社は商品やサービスをどのように展開しているか
　㋩どのようにニーズを解決しベネフィットを提供するか

---

　㋑については、ニーズの幅と深さで検討します。ニーズの幅とはニーズの総量で、ニーズを持っている人がどれくらい存在するか、顧客数は十分かということです。もう1つのニーズの深さとは要望度合や深刻度合です。例えば困るようなことが解消されなくてもそれ程問題でなければ、それを解消する商品やサービスは顧客に選ばれる能力が高いとはいえません。

　㋺については、競合他社が様々な顧客ニーズに応える商品やサービスを展開しているかという動向を観点に考えます。競合他社がどのような商品やサービスをどのように訴求しているか、どのような顧客のどのようなニーズに対して、どのように対応しているか把握して分析することが重要です。

　㋩については、競合他社に対抗するために、顧客ニーズに対して競合他社と異なるアプローチで優位に立つことが必要になります。競合他社と同じような解決方法を提示したところで、二番煎じとなってしまいます。競合他社よりも価値あるベネフィットを提供できなければ意味はありません。このようなことを意識して検討するこ

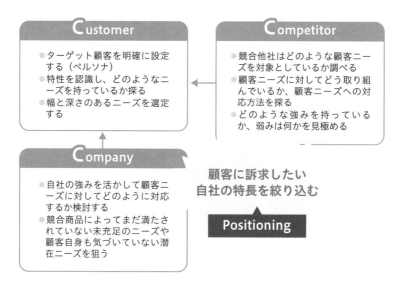

■図表7　ポジショニングのイメージ

**Customer**
- ●ターゲット顧客を明確に設定する（ペルソナ）
- ●特性を認識し、どのようなニーズを持っているか探る
- ●幅と深さのあるニーズを選定する

**Competitor**
- ●競合他社はどのような顧客ニーズを対象としているか調べる
- ●顧客ニーズに対してどう取り組んでいるか、顧客ニーズへの対応方法を探る
- ●どのような強みを持っているか、弱みは何かを見極める

**Company**
- ●自社の強みを活かして顧客ニーズに対してどのように対応するか検討する
- ●競合商品によってまだ満たされていない未充足のニーズや顧客自身も気づいていない潜在ニーズを狙う

顧客に訴求したい
自社の特長を絞り込む

**Positioning**

とが重要です。

### ③マーケティングミックス（MM）

マーケティングミックスは、ポジショニングを具体的に実現するための活動です。アメリカのジェローム・マッカーシーが提唱した4P理論をコトラーがマーケティングミックスとして考え方を深めました。マーケティングミックスは、商品（Product）、価格（Price）、販売促進（Promotion）、販売チャネル（Place）で構成され、4つの頭文字で4Pといわれます。

4Pで重要なのは、次の2点です。「ポジショニングを実現するためにターゲットセグメントにとって適切な活動であること」「それぞれの活動がシナジー効果を得られるように統合されている（ミックスされている）こと」です。

4Pの各構成要素について、以下で具体的に解説します。

## ●商品（Product）

商品やサービスは、STPとつなげて考えることが重要です。ポジショニングを確立する要件を満たすことがカギになります。ターゲットに対してどのような商品やサービスを売るか、売れるためにどのようなコンセプトにするかを検討します。

商品を企画する場合は、まず二次データ（既存データ）を中心にターゲットの情報を収集します。次にターゲット情報をもとに顧客の立場になってニーズを探索します。ニーズは潜在的なニーズほど有効です。もしくは顕在ニーズでも未充足のニーズに着目することで競合他社との差別化を図ることが可能になります。そして強みを使ってニーズを充足するアイデアを発想します。

どのようなニーズに対応する商品とするか、どのような対応をとるかなど、いくつかパターンがあります。それらを整理して商品コンセプトに落とし込みます。商品コンセプトをもとに試作し、販売する状態に近づけて製作を行います。いくつかの商品コンセプトの受容性（受け入れられるか、評価されるか）を検証して、最終的に商品コンセプトを決定します。

コンセプトとは、概念や考え方という意味です。商品を企画する際の商品コンセプトは、どのような商品を開発するかという企画案の概要を、通常は1枚のシートにまとめます。STPを整理してどのようなニーズに対して、どのように応えるかを分かりやすく示すことが重要です。結果としてどのようなベネフィットを顧客に提供できるかも記載します。商品コンセプトの主な構成要素は、ターゲット、ニーズ、商品概要、伝達方法です。

## ●価格（Price）

　商品やサービスの価格をいくらに設定するかは大きな問題です。顧客は支払うお金と、商品やサービスによって得られるベネフィットを比較して、評価しているからです。得られるベネフィットにどの程度の価値があるかという基準で、価格の妥当性を計っています。

　価格設定方法にはいくつかあります。一般的なものとしては、ⓐコスト基準方式、ⓑ知覚価値基準方式、ⓒ競合基準方式の３つです。

ⓐコスト基準方式

　コスト基準方式は、コストプラス法と損益分岐点法の２つがあります。

　コストプラス法は、商品やサービスにかかるコストに、獲得したい利益を加えて価格を設定する方法です。次の式で算出します。

　価格＝固定費＋変動費＋利益

　損益分岐点法は、目標販売数量を決め、そのために必要なコストを算出します。コストに対し目標利益率を掛け合わせ、目標販売数量で割り、１商品・サービスあたりの価格を算出します。市場動向に鑑み、損益分岐点を捉えながら商品やサービスの成長を視野に入れた価格設定方法です。目標販売数量を算出するには、顧客の受容性や競合商品に対する優位性を予測することになるので、より論理的な価格算出方法といえます。損益分岐点法による価格算出には、次の公式を使います。

　価格＝コスト×（１＋目標利益率）÷目標販売数量

ⓑ知覚価値基準方式

　知覚価値基準方式は、顧客がどれくらいの価格をイメージしているかを基準として価格設定する方法です。例えば缶ビールであれば

200円くらい、コンビニ弁当であれば400円くらい、靴下であれば3足1,000円くらいというような価格帯イメージがあると思います。そうした価格イメージを参考にしながら価格を設定します。

ⓒ競合基準方式

　競合基準方式には、2つあります。すでに市場にある商品やサービスを基準に価格を設定する市場価格追随法と、業界内のマーケットリーダーが設定する価格を基準として設定するマーケットリーダー追随法です。

　このように、価格設定はコスト構造・設備や調達力などが関わる費用や、顧客・競合他社の動向を勘案して、総合的に検討し、設定することになるのです。

● 販売促進（Promotion）

　商品やサービスを顧客に届けるには、それらの魅力を伝えることが必要であり、魅力が伝わらなければ購入されることはありません。価値伝達のために、テレビCMやWebサイト等の広告、イベント、キャンペーンなどによる販売促進活動が重要になります。

　販売促進活動は、顧客が商品やサービスを購入するまでの意識の変化と行動のプロセスを加味して検討することが求められます。顧客が商品やサービスを購入するプロセスは、AIDMA（アイドマ）で整理できます。AIDMAは、「Attention（注意）→Interest（関心）→Desire（欲求）→Memory（記憶）→Action（行動）」の頭文字を取ったもので、標準的なプロセスです。

| | |
|---|---|
| **A**ttention ……… | 顧客が商品やサービスを認知し気にかける段階 |
| **I**nterest ……… | 顧客が商品やサービスに関心を示す段階 |
| **D**esire ………… | 顧客が商品やサービスを欲しくなる段階 |
| **M**emory ……… | 顧客が商品やサービスを記憶する段階 |
| **A**ction ………… | 顧客が商品やサービスを購入する段階 |

　AIDMAの各プロセスによって、有効なプロモーションは異なります。テレビCMやWebサイト・SNSの広告、折り込みチラシ、人からの説明などを使い分けます。

　なお、AIDMAではマッチしないところがインターネットに絡む購買行動にあります。そこで、AISAS（アイサス）が登場しました。AIDMAのうちDMAが「Search（検索）→Action（購買行動）→Share（共有）」となります。インターネットで検索し、ポチっと購入し、購入したものに関して口コミやSNSのコメントで広く多くの人と情報を共有するイメージです。

　SNSの影響を考慮した購買行動モデルとして、SIPS（シップス）があります。「Sympathize（共感）→Identify（確認）→Participate（参加）→Share＆Spread（共有と拡散）」の流れです。具体的には、SNSの知人や友人の投稿に対して共感し、話題になった商品やサービスをネット上で確認し、購買に伴わないことも含め参加行動を起こし、情報を共有し拡散します。

●販売チャネル（Place）

　マーケティングミックスの中で唯一外部にある機能が、販売チャネル（Place）です。販売チャネルとは、購入者に商品やサービス

が届けられる経路のことです。マーケティングでは、売り場やそこでの販売方法を検討していきます。販売チャネルには、卸売業や小売業、販売代理店などがあります。

　販売チャネルの構造は多岐に渡ります。メーカー直販でメーカーと顧客がダイレクトにつながるパターンもあれば、フランチャイズの流通を経て展開するパターン、卸売業や小売業を経るパターンなどです。卸売業が1社とは限らず何社も間に入るケースもあります。

　流通経路に商品の提供側（メーカーなど）と顧客の2者しかいない場合、取引の総数は顧客の数だけ広がります。例えば、提供側の数が3社、顧客の数が3人である場合、「3社×3人」で取引の総数は9回です。一方、商品の提供側と顧客の間に1つディストリビュータ（流通：提供側と顧客の間を取り持つ存在。例えば卸売業）が入る場合、提供側の数が3社、顧客の数が3人であれば「3社＋3人」の計6回の取引で済みます。ディストリビュータのおかげで、取引の効率化が図られるということです。

　こうした効果がディストリビュータにあることから、歴史的にディストリビュータが増えて活躍し、市場は飛躍的に拡大しました。ディストリビュータの登場によって、ビジネスは進展してきたともいえるのです。

## ディストリビュータの役割は縮小へ

　しかし、インターネットが進展する現代では、ディストリビュータの存在意義が問われています。

　商品やサービスの提供側がネット上に自社のHPを立ち上げ、販売機能を持つと、提供側は顧客とダイレクトにつながります。EC

（Electronic Commerce：電子商取引）にすれば自動で受発注ができます。商品やサービスの詳細な情報を伝えることも、新規の顧客を獲得するための広告宣伝も、ネット上で完結することが可能です。このような商取引が広がれば広がるほど、取引数を削減する機能を持つディストリビュータの役割は小さくなります。EC以外にも、大手の量販店が生産者とダイレクトにつながる「卸の中抜き」があります。

食品製造業やファッション小物製造業などのBtoC企業であれば、楽天市場やAmazonマーケットプレイスに出店することでダイレクトに最終顧客（エンドユーザー）とビジネスすることが可能となります。金属加工業などのBtoB企業でも、例えば自社の加工技術をYouTubeなどで動画配信することで、新たな顧客を開拓できます。つまり、大手の小売業や組み立てメーカーに頼らずとも、販路を開拓することが可能ということです。中小企業にとって好ましい環境が整ってきたといえるでしょう。

## ④PLC（プロダクトライフサイクル）

PLCとは、Product Life Cycleの略で、商品やサービスが市場に投入され、成長し、そして衰退するまでのライフサイクルを描いた概念です。導入期→成長期→成熟期→衰退期という４つの段階の変遷を表します。

４つの段階の売上高や利益にはそれぞれ特徴があります（図表8）。商品やサービスが市場に出始めの導入期では、売上高が少なく、固定費を回収できずに利益はほとんどマイナスの状態です。成長期、成熟期と推移するにつれて、売上高や利益は右肩上がりの曲線を描きます。どんな商品やサービスも成熟期を維持できればよいのです

■図表8　PLC

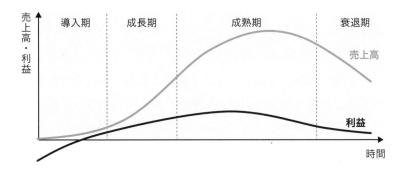

が、そうはいきません。いずれ売上高や利益が減少する衰退期を迎えます。

　マーケティング活動は、PLCの段階によって有効な施策が異なります。

ⓐ導入期

　導入期は、購入する顧客が少なく、様子見の（効果があるか懐疑的な）顧客が多い状況です。商品やサービスの認知度を高め、顧客のベネフィットを訴求することが大きなテーマとなります。

ⓑ成長期

　成長期は、売上高や利益が伸びる一方で、競合他社が出現し顧客にとって選択肢が広がる段階です。ライバルが多くなりますので、自社の優位性を高めることがテーマとなります。競合他社にない商品やサービスの特徴や強みを訴求し、顧客から選択してもらうことに注力します。

ⓒ成熟期

　成熟期に商品やサービスの需要はピークを迎えます。そのままではいずれ需要は縮小するので、新たな用途開発や利用頻度促進施策

の実施、別のセグメントへの価値訴求などが有効です。

ⓓ衰退期

　衰退期は、そのままではいずれ市場から消えるという段階です。ロイヤルカスタマーとのビジネスを継続するための販売促進を行います。サブスクリプション（一定期間、定額で利用される購買モデル）やクローズドなコミュニケーションを行い、利益確保を行います。

　以上のように、商品やサービスにはライフサイクルがあるので、マーケティングの際には、ライフサイクルやそれに伴う必要なアプローチを踏まえ行動することが肝要です。

　取引先の商品やサービスがPLCのどの段階なのか明確にすることで、マーケティングや業務改善の方向性が定まります。

## 2　経営資源を整理する方法

　企業における様々な取組みには、経営資源の状況が関わってきます。経営革新のヒントをつかむにも、経営資源の分析は欠かせません。以下では、主な分析の仕方を簡潔に解説します。

### ①財務分析

　財務分析の安全性や収益性、成長性、生産性に加えて、売上・利益の目標に対する進捗状況を戦略展開に照らして確認することも重要になります。そうした検証の中で、期初に立てた戦略で財務的成果に結びついた施策、結びつかなかった施策について整理します。

　実施できなかった施策については明確にしたうえで、目標達成との因果関係を調べます。財務的実績と戦略との差異を認識することで、より効果の高い戦略展開が可能となります。財務分析は金融機

関が日常的に行っていることですが、戦略との関係性も把握することが重要なのです。

## ②技術資源分析

　取引先が保有している技術の評価を行います。どのような技術を有しているか棚卸して、技術資源を分析します。売上構成が高いメインの商品やサービスから検証していくとよいでしょう。売上の高い商品やサービスは競合優位性が高いものと考えられ、それらには競合他社よりも優位に立てる技術が活用されていると考えられるからです。

## ③商品分析

　基本的な機能や品質が競合商品と比較して高いか低いか、品揃えは顧客ニーズを満たしているか、価格水準は適切かを分析します。売れ行きが良いのはどのような商品か、ブランドロイヤルティはどの程度あるかといったことについても整理します。

## ④営業分析

　営業力を３つの階層に分けて分析します。１つめは、顧客接点のある営業パーソンの質と量です。営業力のある人材が揃っているかどうかです。２つめは、顧客ニーズに応じた提案ができるかどうかです。３つめは、営業パーソンを束ねるマネジャーの力量です。営業パーソンの力を120％出せるように動機づけや目標管理ができるかをみます。戦略を遂行する指揮官としての力量を評価することになります。

## 3　強みと弱みを整理する方法

　顧客ニーズを発見し、商品やサービスを企画・設計・開発し、営

業活動を通して顧客ニーズを充足する一連の流れを価値の連鎖（バリューチェーン）といいます。バリューチェーン上の各業務の強さを評価したり、連携状況について強みと弱みを抽出したりします。強みと弱みは、QTCの観点で抽出できます。QTCは、Quality（業務の品質、パフォーマンス）とTime（時間）とCost（費用）の3要素です。

　合わせて、VRIO分析を活用することは有効です。VRIO分析によって、バリューチェーンの強みが本当に競争優位となるかどうかを確認できます。VはValue（経済価値）、RはRarity（希少性）、IはImitability（模倣困難性）、OはOrganization（組織）の頭文字で、VRIOの順番で分析を進めます。これらの分析プロセスごとに、次のような問いかけを行います。

---

**V**alue ‥‥‥‥‥‥‥‥ 保有する経営資源や能力は、外部環境における機会や脅威に対応することが可能だろうか

**R**arity ‥‥‥‥‥‥‥ 強みとなる経営資源を保有しているのは、ごく少数の競合他社だろうか

**I**mitability ‥‥‥‥‥ 強みとなる経営資源を保有していない競合他社は、獲得あるいは開発する際に多大なコストが発生するだろうか

**O**rganization ‥‥‥‥ 以上の条件を満たした経営資源を活用するために、組織的な方針や手続きが整っているだろうか

---

　VRIOは、常に変化することを認識しておくことが肝要です。

　バリューチェーンを縦軸に、VRIOを横軸にして、それぞれの価値連鎖活動を評価します（**図表9**）。例えば、パソコンなどで使用

■図表9　VRIO分析の例

| 価値連鎖 | | Value (経済価値) | Rarity (希少性) | Imitability (模倣困難性) | Organization (組織) | 競争優位 |
|---|---|---|---|---|---|---|
| | 購買 | Yes | Yes | No | | No |
| | 製造 | Yes | Yes | Yes | Yes | Yes |
| | 物流 | No | | | | No |
| | 販売 | Yes | Yes | Yes | No | No |
| | サービス | Yes | No | | | No |

する冷却装置の一部品を製造している企業で、超小型部品を結合するための技術を有しているとします。部品価格が高騰している中で、単価アップが可能であればValueはYesとなります。冷却装置に関しては国内シェア1位で、短納期で組み立てできるのは当該企業を含め国内に2社しかありません。したがって、RarityもYesとなります。保有する技術はブラックボックスになっているのでImitabilityもYesです。基幹技術は外部に流出することがないように徹底した情報管理が行われています。社内でも50代のベテランとその弟子ともいえる30代の人間しか詳細なプロセスを知らされていません。従業員の多くが技術の希少性やその情報の管理の重要性を認識しており、技術を知れる次なる人員に任命されるように日々研鑽しています。ということで、最後のOrganizationもYesとなります。このようなことから、競争優位性のある業務プロセスといえます。

# 経営革新の方向性はこうして見出す

　企業を巡る環境は、大きく３つの層に分類されます。マクロ環境や業界環境（この２つは外部環境）、内部環境の３層です。また、環境変化には大きなもの小さなもの、個々の企業に大きく影響を与えるものほとんど影響を与えないものなど様々あります。

　このため、いきなり環境分析を始めると、何から考えたらよいか分からず、途方に暮れることが少なくありません。考え方の軸を設定せずに企業を巡る環境変化を列挙しようとすると、大変な作業になります。

　そこで、環境変化を捉えるときに役に立つのが、考えるための枠組みとなるフレームワークです。フレームワークを使うことで、環境変化のレベル感を押さえられます。

## 1　外部環境の変化をつかむ方法

　企業を巡る外部環境は、大きく２つに分けることができます。マクロ環境と業界環境です。

### ①マクロ環境の分析

　企業が行う活動は、マクロ環境に大きく影響を受けます。マクロ環境には、人口統計や経済情勢、技術的な進展などがあります。

　マクロ環境を一企業でコントロールすることは絶対に不可能です。そのため、マクロ環境を分析して変化をつかみ、その変化に適応す

る（合わせる）ことが重要になります。

　マクロ環境の分析には、PESTというフレームワークの活用が有効です。PESTは、Politics・Economy・Society・Technologyの頭文字をとった言葉です。

**● P…Politics「政治法律的要因」**

　企業を取り巻く法律・政治の動きをチェックします。政治動向や法律・通達、規制緩和（強化）などがあります。様々ある中で、当該企業のビジネスに与える影響はないかを検討します。例えば、最近話題になっているのが、ドライバーの時間外労働の上限が年間960時間に規制される「2024年問題」です。物流業界においては、生産性向上や働き方改革に取り組むことが喫緊の課題になります。

**● E…Economy「経済的要因」**

　日本を含めた世界的な経済の動きをチェックします。景気動向、GDPの推移、所得動向、消費性向に着目します。例えば、コロナが第5類に分類されたことで人流が復活し、観光業界は復活しました。円安が進行すれば輸出メインの業界は潤います。円高は輸入メインの業界の業績が向上する大きな後押しとなります。

**● S…Society「社会文化的要因」**

　人口動態・消費トレンドをチェックします。少子高齢化や健康意識の高まり、消費者意識の変化などに着目します。例えば、世帯数の増加は社会文化的要因の1つです。世帯数が増加すると、家財用具の需要が増加します。家具はサイズの小さなものが好まれ、炊飯器や掃除機などの家電製品は小型の需要が増加します。

**● T…Technology「技術科学的要因」**

　技術革新や科学の進展の動向をチェックします。例えば、ITの

進展やインターネット・バイオテクノロジー・ナノテクノロジーなどの変化です。

　スマホの普及も技術科学的要因といえます。スマホが普及し、「いつでもどこでも情報検索できる」状況になり、消費者の行動でショールーミングという現象が起きました。実際の店舗は商品を見るだけのショールーム化し、購入はネット通販で行うという具合です。地方の小売業はECを強化することで、これまで認知されていなかった遠方の顧客からの引き合いを獲得することができます。

### ②業界環境の分析

　事業活動に与える影響をつかむには、業界環境の変化要因を探索することも重要です。業界環境は、5 Forces（ファイブフォース）というフレームワークを活用して整理できます。直接競合や新規参入、供給企業、代替品、顧客の5つの要素で構成されます。

　ファイブフォースは、アメリカのマイケル・ポーターという経済学者が提唱したもので、「5つの力」と訳されます。事業活動は5つの方向から影響を受けるということです。具体的には、次の5つで表します。

---

・産業内の競合関係

・新規参入の動向

・供給（売り手）の動向

・代替品の進展状況

・顧客（買い手）の動向

---

#### ●産業内の競合関係

「産業内の競合関係」については、競合による脅威の程度を把握し

ます。例えば、業界内の３社の関係性が、寡占状態か、１強２弱という状態か、業界内のプレイヤーの力関係を把握します。業界内の競争が激しいと、顧客の奪い合いが起き、価格競争になりがちです。そうした状況で生き残るためには、営業エリア内や商圏内での競合の動向を分析することが有効です。それぞれの企業の強みや弱み、得意分野について把握することで、独自分野開発のヒントを得ることができます。

### ●新規参入の動向

「新規参入の動向」については、他産業からの潜在的な参入脅威を認識します。新規参入については、ソニーが全く異なる不動産業に参入したことや、セブン＆アイホールディングスやイオンが銀行業に参入したことなどの実例があります。

　大学生を対象とする安さを売りにした食堂にとっては、大手ファミリーレストランが付近に進出すると大きな脅威になります。

　一方で、新規参入が少ない業界は、魅力がないとみなされているか、規制などの参入障壁が高いと判断できます。

### ●供給（売り手）の動向

「供給（売り手）の動向」については、当該企業に原材料を供給する業者の交渉力が強くなる脅威を認識します。食品メーカーが原材料の値上げによって、価格競争力を失う状況が考えられます。

　一般に、供給業者が少ない場合には、供給業者の影響力は強いといえます。当該企業が使っている原材料について、供給業者が少なく希少なものでないか、主導権を持って仕入れられているかなどがカギとなります。

## ●代替品の進展状況

「代替品の進展状況」については、思わぬ代替品が登場する脅威を認識します。ここでいう思わぬ代替品とは、同じニーズに応えるものの形態やビジネスモデルが異なるものです。

かつて女子高生に携帯電話が普及し始めたときに、ファミリーレストランの売上が減少しました。携帯電話は親しい友人とのコミュニケーションをとる手段となり、ファミリーレストランから見ると「自身に取って代わられる存在」となったのです。このような代替品の存在があるかどうかを認識しておくことが重要となります。

## ●顧客（買い手）の動向

「顧客（買い手）の動向」については、顧客の交渉力が強くなる脅威を認識します。マーケティングで最も重要な顧客の変化ということです。具体的には、顧客を取り巻く状況は変化してきているか、顧客数は増減しているか、購買頻度などの買い方に変化はあるか分析します。

一般に、顧客が少ない場合は、主導権は顧客側にあります。すなわち、買い手市場ということです。逆に、希少な商品やサービスで扱っている企業が少ない場合には、売り手市場となります。

以上の5つの要素で構成されるファイブフォースによって、ビジネスが盤石か、そうでない場合どのような危機が迫っているかを予見することができます。業界がどのような方向に向かっているか、流れをつかむことができるので、将来的な対策が立てやすくなるのです。

## **2**　今後の方向性を見出す方法

### ①クロスSWOT分析

　マクロ環境と業界環境を整理することで、ビジネス上で優位となる「機会」とビジネスの縮小や利益圧縮となる「脅威」が見えます。合わせて、内部環境（財務・技術・商品・営業など）にある「強み」と「弱み」を明確にします。これら４つを分析することで、経営革新の方向性を描くことができます。その分析手法がクロスSWOT分析です。

　SWOTは、機会の「Opportunity」、脅威の「Threat」と、強みの「Strength」、弱みの「Weakness」の頭文字をとった言葉で、スウォットと呼びます。これら４つの要素を図解すると、図表10のようになります。

　ただ、４つの要素を記入するだけでは、現状を整理したに過ぎません。それぞれをクロスすることで、さらに事業の方向性がクリア

■図表10　SWOT分析の内容

| 強み（**S**trength） | 機会（**O**pportunity） |
|---|---|
| VRIOの観点で見出した競合他社よりも優れていること（例えば、顧客へのコンサルティング能力の高い外販営業担当者とその育成プロセスを有していること） | 事業の追い風となるビジネスチャンス（例えば、ライドシェア解禁による新事業領域の拡大や、キャッシュレス決済使用率向上による業務効率化など） |
| 弱み（**W**eakness） | 脅威（**T**hreat） |
| 競合他社よりも劣位なこと（例えば、システム会社で従業員の高齢化が進んでいることから新たな技術やアプリの開発が困難であること） | 放置しておくと（対策を打たないでいると）、事業が立ち行かなくなるようなこと（例えば、人口減少による見込客の減少や、景気低迷による節約志向など） |

| | 機会（Opportunity） | 脅威（Threat） |
|---|---|---|
| 強み<br>（Strength） | 「機会」×「強み」<br>・【戦略の方向性】伸ばすべき商品・サービス・体制、競合他社に優位に立つ戦略を検討する（具体的に「だれに」「何を」「どのように」と大きな動き・方向性が見えるように具現化する） | 「脅威」×「強み」<br>・【戦略の方向性】強みを進化させ脅威を回避する（例えば、顧客との関係性維持・さらなる強化、リピート促進の施策強化など）<br>・【戦略の方向性】脅威が現在の強みを弱みに転換する可能性がある場合は、業務の抜本的な見直しを検討する |
| 弱み<br>（Weakness） | 「機会」×「弱み」<br>・【戦略の方向性】弱みで機会を逃さないために、何をするべきかを検討する（弱みを強みに変換するアライアンスや、取引先との協調などの打開策を検討する中期的な事業活動） | 「脅威」×「弱み」<br>・【戦略の方向性】事業からの撤退や縮小、絞り込み（選択と集中）をして存続の道を見出す<br>・【戦略の方向性】致命傷を回避する（緊急対策） |

になります。その手法がクロスSWOT分析です（**図表11**）。

　機会を得て強みで勝つためにはどうしたらよいか、機会を弱みで取りこぼさないためには何をすべきか、脅威を強みでいかに回避するか、脅威に対峙して弱みが最悪の事態を招かないためには何をすべきかを考え、対策を講じることが可能です。

## ②エリアマーケティング

　クロスSWOT分析は、企業の特性を活かして環境の変化に適応するための方向性を探索するのに役立ちます。難点としては、だれ（顧客）に、どのような価値（商品やサービス）を提供したらよいかという方策が見えづらいことが挙げられます。特に、中小企業においてはクロスSWOT分析から導かれる長期的な方向性に合わせて、営業領域内における活動が重視されます。そこで、エリアマーケテ

ィングという概念が活用できます。

　エリアマーケティングは、言葉が示しているとおり、エリアにおけるマーケティング活動をいいます。エリアマーケティングは、営業領域が比較的狭く（都道府県や地域ブロックを対象としている場合）、扱う商品やサービスが限定されている場合に有効です。マーケティングプロセスで最も重要といわれるSTPのうち、セグメンテーションの軸や切り口をエリアとする特徴があります。例えば、神奈川県全域を対象として事業展開している企業が、どのエリア（横浜市や川崎市など）に経営資源を重点的に投入するかを検討する際に活用できます。

## 経営資源を優先配分するエリアを重点エリアに

　エリアマーケティングは、基本的に「ⓐ都道府県の特徴の把握→ⓑ市区町村データの収集→ⓒ重点エリアの選定→ⓓアプローチ方法の検討・展開」という手順で進めます（図表12）。
ⓐ都道府県の特徴の把握
　エリアの特性を捉えるために、まず都道府県それぞれの特徴を把握します。例えば、都道府県によって食文化や生活習慣が異なることは多く、そうした独自性を含めてビジネス習慣や競合他社との力関係から営業領域の特徴を捉えます。

■図表12　エリアマーケティングの基本的な手順

ⓑ市区町村データの収集

　市区町村データの収集では、インターネットから容易に入手できるe−Statなどの統計オープンデータを使います。また、企業が持つ販売データは、エリアマーケティングにおいて有効活用できます。

ⓒ重点エリアの選定

　ⓐ〜ⓑのエリア情報を分析し、重点エリアを選定します。重点エリアとは、経営資源（ヒト：営業人員、モノ：投入商品、カネ：販売促進費）を優先的に配分するエリアを指します。優先的に配分するエリアを決めてから、他のエリアの順位を設定します。

ⓓアプローチ方法の検討・展開

　優先順位を決めたエリアごとに、それぞれの特性に合致したマーケティング（販売促進）を検討して展開します。例えば、新興住宅地であれば若い世帯が多く居住していると考えられます。そうしたエリアではSNSが有効な広告媒体となります。古くから栄えた企業城下町であれば従業員への販売を福利厚生目的で試みるなどが考えられます。

## 市場魅力度と市場競争度をもとに設定する

　エリアマーケティングでカギとなるのは、重点エリアの選定です。重点エリアは、市場魅力度と市場競争度で考えて設定します。重点エリアの選定には、いくつかの観点が考えられます。定石は「最も大きなリターンが期待できる市場で効率的に収益を獲得すること」です。貴重な経営資源を投入するのですから、有効性を念頭に置かなければなりません。しかも、最小限の投入で獲得することが望まれます。

　マーケティングの本質は効率的に成果を上げることにあります。トライアル（初期購入）よりもリピートを重要視します。顧客との良好なコミュニケーションによって長期間の取引関係を構築します。そうすることで、最小限の取引コストを目指します。

　エリアマーケティングでも、効果と効率を追求するのは変わりません。すなわち、魅力度が高く、競争度の高い市場であるエリアに重点を置き利益獲得を狙うのです。

## ●市場魅力度の主な指標

　市場魅力度は、売上増加や利益増加が期待できるリターンの大きさを示します。リターンの大きさを測るための主な指標としては、市場規模や成長率、商品普及率などが挙げられます。

　例えば、クリーニング店であれば、人口や世帯数の多いほうが獲得できる顧客が多くなることが見込めます。人口や世帯数が年々増加しているエリアであれば、新規顧客を獲得できるチャンスは広がります。ガソリンスタンドであれば、自動車の普及率が高いエリアのほうが多くの来店顧客数が期待できます。

## ●市場競争度の主な指標

　市場競争度は、競合他社よりも優位にビジネス展開できるかどうかの力を示します。主な指標としては、エリア内の「マーケットシェア」や「カスタマーシェア」、「カバー率（取扱店舗数）」などが挙げられます。

　シェアが高いエリアであれば、訪問頻度を高めることが可能となりますし、顧客の利便性を高めやすくなります。カバー率が高いエリアであれば、取引増加の可能性を高めることができます。というのも、1つの商品でも納入している店舗であれば、取引がゼロの店

舗よりも取引拡大のハードルは低くなります。競合他社よりも優位にビジネス展開することが可能になるということです。

## 成長・競争セグメントを第一優先に

市場魅力度と市場競争度を2軸にしたマトリクスにすると、エリアの優先度と各エリアの戦略・施策が明らかになります（図表13）。マトリクスは4つに分けられます。「Ⅰ．成長・競争セグメント」「Ⅱ．利益セグメント」「Ⅲ．問題セグメント」「Ⅳ．選択セグメント」の4つです。

Ⅰ．成長・競争セグメント

このセグメントには、需要が高く（多くの顧客が存在し）、競合

■図表13　市場魅力度と市場競争度のマトリクス

| Ⅲ．問題セグメント | Ⅰ．成長・競争セグメント |
|---|---|
| ●市場の魅力が十分にあるにもかかわらず、それを取り込めていない<br>●競争は極めて厳しいがシェア獲得が急務<br>●総花的・分散的な施策を排し、競争者を特定して、差別化や集中化を図る | ●市場魅力度も市場競争度ともに高いエリア<br>●常に競争者の攻略の的であり、隙を作ることが許されない状況にある。経営資源を優先的に配分し、市場確保・拡張を目指す<br>●過当競争による収益性低下に注意する |
| Ⅳ．選択セグメント | Ⅱ．利益セグメント |
| ●市場魅力度が低く、市場に対する自社の力も弱い<br>●将来の成長を秘めたエリアもあるので、個々エリアを再評価し選択的対応を行う<br>●基本は限定的な対応 | ●市場魅力度は低く、競争者の攻撃機会は少ない<br>●市場環境の有利さを持続し、次の市場機会開発につなげる<br>●過大投資に気をつける |

↑
市場魅力度

市場競争度　→

他社に対する優位性が高い（自社が営業しやすい）エリアが該当します。このため、第一優先とします。

## II. 利益セグメント

　戦略上攻めやすいのですが、市場魅力度が低く、多くのリターンが期待できないセグメントです。営業担当者が訪問しやすい顧客が多いかもしれませんが、大きなリターンは期待できないので、多くの経営資源を割くエリアとはいえません。

## III. 問題セグメント

　市場での優位性を発揮しづらいセグメントです。市場魅力度が高くても、競合他社の大得意先がいるエリアといえます。敵の牙城を崩すのは多くの困難を伴います。効果と効率の両面を狙う点で考えると、優先順位は下がります。

## IV. 選択セグメント

　基本的に、縮小か撤退を検討すべきセグメントといえます。取引の効率化を図り、収益確保を狙います。

## 1　ビジョンを描く方法

　5〜10年後のありたい姿（ビジョン）は、経営革新の目指すべき
ゴールとしてどこを目指すかを、理想的な状態や数値の目標の両面
で設定します。

●理想的な状態の目標

　理想的な状態としては、「地域No.1」や「地元コミュニティでの
存在感」「業界の盟主」といった定性的な目標を設定します。従業
員をワクワクさせ、実現に向けてモチベーションが上がるキーワー
ドを盛り込みます。従業員の心を1つに束ねる効果を狙いますが、
それは測定することが困難です。そこで、合わせて定量的である数
値の目標も設定するというわけです。

## 数値の目標はKGIとKPIの2段階で設定

●数値の目標

　数値の目標は定量的で分かりやすいものです。経営革新の方向性
に沿って、いつまでにどれくらいの成果を上げるかということを明
示します。明確な目標ですので、目指すべきところに向けて全社1
つになって力を発揮することができます。

　数値の目標は2段階で設定します。1段階はKGI（Key Goal Indicator：重要目標達成指標）で、もう1段階はKPI（Key Performance Indicator：重要業績評価指標）です。

　KGIとは、経営やビジネスにおいて最終的に到達すべき目標のことで、ビジョンとして明示するものです。全従業員が共通に認識すべきことですが、それだけでは各自がどのように行動すべきか迷うこともあります。

　そこで、中間目標としてKPIを設定します。KGIが最終目標であるのに対して、KPIはその到達までのプロセスの達成状況を定点観測するための定量的な指標です。KPIを設定すると、何を指標として行動すべきかがだれの目にも明らかになり、行動に移しやすくなります。

### ①KGIの設定の仕方

　代表的なKGIとしては、売上高が挙げられます。売上高は分かりやすく、多くの説明は必要ないでしょう。ただし、競合他社の視点が入っていないので実現可能性がイメージしにくいのです。

　そこで、競合視点の入った指標として市場シェアが挙げられます。市場シェアは市場占有率と解され、当該市場における全需要に対して自社がどれくらい取り込めているか（自社売上高÷市場全体の売上総額）を示します。

　とはいえ、市場シェアにはコストの視点が入っていないので、多くの企業は売上総利益（粗利）を設定します。販売効率を加味して貢献利益（売上高−変動費−直接固定費）や営業利益を設定する企業もあります。

　営業利益まで設定できれば、より多くの従業員に経営意識が浸透し、それぞれの自律的な行動が期待できます。難点としては、商品

群別や拠点別等に管理会計が整備されていないと運用しづらいことと、従業員に一定の財務知識が必要となることです。

## ②KPIの設定の仕方

　KGIが設定できたら、次はKPIを設定します。KPIの位置づけはKGIをブレイクダウンした中間目標です。KPIはこれを達成すれば必ずKGIを達成するというものでなくてはなりません。

　KGIを因数分解することで、KPIは設定しやすくなります。因数分解とは、数学的に数や整式を因数の積の形に直すことですが、構成要素を明らかにするという意味があります。KGIを因数分解の概念で整理すると、KGI達成に必要なことが明確になり、KPIとする要素と数値が見えます。因数分解していくと、KPIの加算（足し算）と乗算（掛け算）でKGIになるのです。

　例えばBtoCとBtoBのビジネスを展開している企業で、売上高50億円というKGIを設定したとすると、法人向けで30億円、個人向けで20億円というKPIの合計で達成を目指します。売上高は「顧客数×客単価×購入頻度」で考えることができ、それぞれをKPIとして設定できます。

## KPIの詳細設定が具体的なアクションに

　KGIを構成する要素としてKPIを細かく設定すればするだけ、具体的なアクションにつながりやすくなります。図表14は売上高を因数分解したKPIツリーの例です。ただ漠然とKPIを「顧客数を20％増やす」とするよりも「新規顧客数を20％増やす」とすることによって、アクションは検討しやすくなります。新規顧客獲得のために、折り込みチラシを使うとか、動画を作成してYouTubeのリン

■図表14　KPIツリーの例

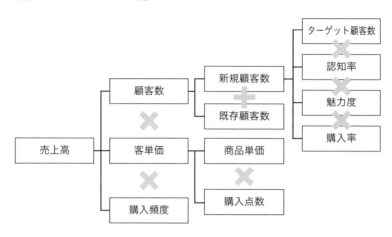

クをHPに貼り付けるといった方策が考えられます。

　最終的なKGIにつながるKPIを設定することによって、全従業員を巻き込む活動につながりやすくなるのです。

### ③BSC（バランススコアカード）に落とし込む方法

　各KPIの設定では、BSC（バランススコアカード）を活用することで各KPIに関係性を持たせることができます。KPIはストーリー性を持って伝えることで従業員の納得度も高まり、取組みも有効なものになります。各KPIを連携させてストーリー性を持たせるのに、BSCは有効なのです。

　BSCは財務の視点を頂点として、顧客の視点、業務プロセスの視点、学習と成長の視点の４つの軸で要素分解し、各要素の関係を連携させます（次ページの図表15）。各要素は様々なKPIとなります。

■図表15　BSCの概念

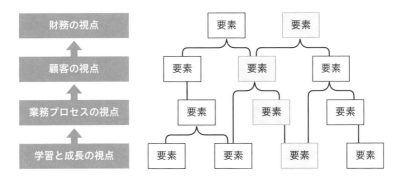

■図表16　KPIの指標の例

| 財務の視点 | 安全性 | 流動比率、当座比率、自己資本比率、CCC、フリーキャッシュフロー |
| --- | --- | --- |
| | 収益性 | ROA、売上高利益率、粗利率、労働生産性、労働分配率 |
| | 成長性 | 売上高成長率、経常利益成長率 |
| 顧客の視点 | 顧客構造 | ABCランク改善（Bランク割合）、客単価上昇率、顧客数増加率 |
| | 顧客関係性 | 顧客満足度、推奨率、リピート率、納期遵守率 |
| | マーケティングファネル | 認知率、魅力度、購入率 |
| 業務プロセスの視点 | 変動費 | 仕入原価、製造原価、不良品発生率 |
| | 固定費 | 業務の効率化度合、アウトソーシング・パートの割合 |
| | 生産性 | 1人あたり粗利率、1人あたり労働生産性 |
| 学習と成長の視点 | スキル | 資格保有率、研修受講率（実施回数）、ダイバーシティの浸透度 |
| | モチベーション | ワークエンゲージメントの度合、ES |
| | 福利厚生 | 有給休暇取得率、健康診断受診率、禁煙率 |

## 4つの視点に因果関係を持たせる

　財務の視点では、財務目標としてROAのアップやフリーキャッシュフローの増加などを設定します。顧客の視点では、財務視点の目標を達成するため、顧客満足度の向上やリピーターの構成比アップなどを設定します。業務プロセスの視点では、顧客の視点の目標を達成するため、不良品発生率の低減や従業員１人あたりの生産性向上などを設定します。学習と成長の視点では、業務プロセスの視点の目標を達成するため、必要な教育研修やモチベーションアップのためのインナーイベント、福利厚生などの取組みに関する指標を設定します。

　大事なのは、４つの視点に因果関係を持たせて、KPIを設定することです。例えば、「【財務の視点】売上前年比20％増加」のために、「【顧客の視点】顧客満足度向上による来店頻度の増加」のために、「【業務プロセスの視点】レジ待ち時間の30％短縮」のために、「【学習と成長の視点】レジ打ちコンテスト参加者10名増加」といった具合です。

## 2　ビジョン実現の方策の考え方

　ビジョンが描けたら、その実現のために何をすべきかを具体的な行動に落とし込みます。それにより、デジタルで解決できる要素を抽出することができます。具体的な行動を明確にする手法としては、BMCが有効です。BMCは、Business Model Campusの略称で、スイスの学者のアレックス・オスターワルダーとイヴ・ピニュールによって提唱されました。

BMCは、ビジネスの構造を可視化する際に使用するフレームワークです。ビジネスモデルを明確に描くことができ、ひと目で理解できるようにします。戦略的な洞察が得られ、ビジネスモデルの強化や新たな機会を探索する際の参考になります。企業の価値を創造する要素（価値創造）と顧客に価値を届ける要素（価値伝達）に2分され、全部で9つの要素で構成されます。

●価値創造

- 価値提案（Value Propositions）：価値の源泉となる商品やサービスの特徴・メリット
- 主なリソース（Key Resources）：価値提案するために必要な物理的・知的・人的・財務的資源
- 主要活動（Key Activities）：価値提案を実現するための重要な業務やプロセス
- 主なパートナー（Key Partnerships）：価値を創造するための外部組織や企業との提携
- コスト構造（Cost Structure）：主要なコスト要素

●価値伝達

- 顧客セグメント（Customer Segments）：ターゲットとする顧客やユーザー（個人や組織）
- チャネル（Channels）：製品・サービスを顧客に届ける経路や価値を訴求する方法
- 顧客との関係（Customer Relationships）：顧客との関係性を構築・維持・展開する仕組み
- 収益の流れ（Revenue Streams）：提供価値の対価、その方法や源泉

　図表17は、ファッション用品のECを展開する株式会社ZOZOのBMCです。このBMCを見ると、ZOZOはデジタル技術を駆使して

■図表17 BMCの例（株式会社ZOZO）

| KP:主なパートナー | KA:主要活動 | VP:価値提案 | CR:顧客との関係 | CS:顧客セグメント |
|---|---|---|---|---|
| ●取り扱うブランド<br>●店舗<br>●物流パートナー<br>●広告パートナー<br>●技術提携先 | ●Webサイト・アプリの運営<br>●新商品やブランドの取扱いの拡充、マーケティング活動 | ●多数のブランドや商品を1つのサイトで手軽に購入できる | ●ユーザーアカウントを通じた個別対応、カスタマーサポート<br>●定期的なセールやキャンペーン | ●ファッションに興味を持つ一般消費者やブランド・店舗（販売パートナー） |
| | KR:主なリソース<br>●ZOZOTOWNプラットフォーム<br>●ブランド認知<br>●データベース | | CH:チャネル<br>主にオンライン（ZOZOTOWNウェブサイト、モバイルアプリ） | |

| CS:コスト構造 | RS:収益の流れ |
|---|---|
| ●システムの維持・開発コスト<br>●マーケティングコスト<br>●人件費<br>●物流コスト | ●商品販売からの手数料収入<br>●広告収入 |

ユーザーエクスペリエンス（商品やサービスなどを利用して得られるユーザー体験）を革新し、個々の消費者に合わせた提供を行っていることが分かります。

## 3 ビジョン実現に活用できる有効な手法

　ビジョンを実現していくには、事業に関係する他社や外部専門家との協働が欠かせません。加速するビジネス環境の変化を生き抜く戦略として、多くの企業で取り組み始めているのが「ビジネスエコシステム」です。

　ビジネスエコシステムは、複数の企業がパートナーとなって共存

共栄を目指す仕組みです。複数企業の協働によって社会や顧客の課題を解決する手法の1つといえます。多くの企業が集まって互いに協力し合うことで、幅広い課題を解決できるようになります。中でもデジタルプラットフォームを介したビジネスエコシステムは急速に拡大し、事業成長をダイナミックに促進する効果が期待できます。

　エコシステムとは、生態系という意味であり、生物や植物の分野で用いられる用語です。各生物が互いに関わり、助け合いながら生きていることをエコシステムと言い表しています。ビジネスエコシステムは、ビジネスにおいて生態系を形成するように、業種や業界といった垣根を越えて、共に成長するために企業同士を結びつける試みです。

## ビルダーとパートナーそれぞれに役割がある

　ビジネスエコシステムを構築するには、パートナーシップの構築と商品やサービスの開発がカギとなります。主体となる企業（エコシステムビルダー）は顧客や社会のニーズに応えるビジョンを明確にし、ビジネスエコシステム内での役割や補完的なパートナーを特定する必要があります。また、サービスの最終形を定め、パートナーをビジネスエコシステムに組み込み、彼らの商品やサービスの開発を支援することも重要な役割です。

　デジタルプラットフォームを用いたビジネスエコシステムには、ソリューション提供型とマッチング型の2つの主要な形態が存在します。

　ソリューション提供型は、エコシステムビルダーのサービスに対してパートナーが追加機能やコンテンツを提供し、顧客体験価値を

■図表18　ビジネスエコシステムのパートナーの役割

| パートナーの分類 | 役割 |
| --- | --- |
| コンテンツパートナー | デジタルプラットフォーム上で動作するアプリケーションやデータ、動画、音楽などサービスの部品を提供する役割を担う |
| ケイパビリティパートナー | デジタルプラットフォームの開発・構築支援や、プラットフォーム自体を提供する役割を担う。日本企業はプラットフォームを外注することが多いので、位置づけが大きいパートナーといえる |
| 顧客接点パートナー | サービスを顧客に提供し、利用するまで支援する役割を担う |

向上させるモデルです。このモデルは、ＢtoＢビジネスを展開する企業によって、より多くの顧客ニーズに応えるために採用されることが多いです。エコシステムビルダーには、パートナーのサービスを統合し、顧客体験や問題解決能力を高めることが求められます。

　一方、マッチング型は需要と供給を引き合わせるプラットフォームビジネスモデルです。より多くのマッチングを促進するためには、多くの参加者が必要とされ、通常ＢtoＣやＣtoＣなどのビジネスで見られます。エコシステムビルダーは、取引をスムーズに進め、公平性を保つためのガバナンスを提供する必要があります。例えば、オンラインマーケットプレイスでは、不正な出品の監視や排除、被害に遭った利用者への補償、セキュリティ対策などが不可欠となります。

　ビジネスエコシステムのパートナーは、コンテンツパートナーとケイパビリティパートナー、顧客接点パートナーに分類できます。それぞれに、図表18の役割を担います。

# Section 6 DXの実施ポイントと金融機関による支援

## 1 DXを実施する際の主なポイント

### ●顧客中心のアプローチ

ビジネス成功のカギは、顧客ニーズの理解とそれに基づく価値提供にあります。DXはあくまでも手段であり、最終目的は顧客満足を獲得することであることを念頭に置きます。

### ●データを活用した意思決定

データを活用して意思決定を行い、リスクを軽減します。デジタル化の最大のメリットは、結果を定量的に検証できることです。データを活用することで、客観的にPDCAサイクルを回せます。

### ●アジャイルなマインドセット

市場や技術の変化に迅速に対応するには、アジャイル思考（短期間で素早くPDCAサイクルを回し変化に対して柔軟に対応する思考）が必要です。100％完璧な状態となるのを待つよりも、現時点での最善を尽くす気概を持つことが重要です。

### ●外部との連携

外部パートナーとの協力やビジネスエコシステムを通じて、イノベーションを促進します。環境変化が激しい中、単独で成し得ることはたかが知れています。外部との関係性を良好に保ち、win-winな状態を目指します。

## 2　DXにおける経営者の主な役割

### ●ビジョンや方向性の明確化

　経営者はデジタル化における長期的なビジョンと目的を設定し、その方向性を明確に示します。DXによって達成したい目標を定めて、組織全体に分かりやすいように自分の言葉で伝えます。

### ●イノベーション文化の浸透

　革新的な思考とリスクを恐れないイノベーション文化を組織内で育て、先頭に立ってDXを推進します。DXによる業務上の大きな変革をリードし、従業員を励ます役割を担います。

### ●リソースの配分

　必要な技術や人材その他リソースを確保し、効果的に配分します。限られたリソースを最も効果的な分野に集中させます。

### ●ステークホルダーとのコミュニケーション

　従業員や顧客、パートナー、投資家など、関係者とのコミュニケーションを維持します。変革に伴う期待と実際の進捗を調整し、社内外に透明性を保ちます。

### ●リスク管理・適応

　DXに伴うリスクを事前に想定し、適切な対応策を立案しておきます。デジタル化の進展中にも市場や技術の変化は起こり得ますので、何か変化があれば迅速に対応し、必要に応じて戦略を調整します。

## 3 金融機関によるDX支援の主なポイント

**●アドバイスとソリューションの提供**

　取引先の事業や規模、ビジネスモデル、デジタル化の現状などを周知しているからこそ可能となる、ニーズに合わせたアドバイスやサービスを提供します。

**●資金調達と投資の支援**

　DXプロジェクトに必要な資金調達の選択肢を提供し、財務面でのサポートを行います。効果的な投資計画の立案を支援し、リスク管理のアドバイスを行います。

**●サポートネットワークの活用**

　テクノロジー提供者やITコンサルタントなど、DXをサポートしてくれる業者とのネットワークを活用して、取引先を適切なシステムやツールへとつなぎます。同業他社や業界団体との連携を促進し、より広範な支援を行います。

●**情報提供や教育のサポート**

　デジタル化の最新動向やテクノロジーの進展、業界のベストプラクティスなどの情報を提供します。DXに関連するセミナーやワークショップを通じて、知識とスキルの向上をサポートします。

●**コンプライアンスのサポート**

　DXプロジェクトにおいても、法令等遵守は欠かせません。法令等規制やデータ保護・セキュリティに関するアドバイスを行い、取引先がリスクを管理できるように支援します。

●**長期的なパートナーシップの構築**

　取引先のDX推進に継続的なサポートを提供し、長期的な関係を築きます。取引先からのフィードバックを積極的に受け入れ、支援の質を継続的に改善します。

## 問1

ラーメン店を経営するＡ社は、新市場であるフランスへの進出を検討しています。フランスは、食に対するこだわりが強い国民性を有していると考えられます。3Cの中でＡ社が初めに取り組むべき分析として、適切なものは次のうちどれですか。

(1)フランス市場の消費者の食に対するニーズと特性

(2)自社の強みと弱み

(3)仕入先確保の実現性

(4)フランス市場における競合他社の戦略

## 問2

DX支援にあたっては、取引先の経営資源を探るための分析軸を選択する必要があります。経営資源分析の直接的な分析軸とその内容の組合わせとして、適切でないものは次のうちどれですか。

(1)財務分析：取引先の収益モデル

(2)技術資源分析：取引先の有する特許

(3)商品分析：取引先の商品の価格水準

(4)営業分析：取引先のブランドロイヤルティ

解答欄

| 問1 | 問2 |
|------|------|
|      |      |

解答・解説

問1　正解　　(1)

解説

　　3Cでは、まず顧客を定義づけして顧客の抱えているニーズを探索し、次に競合他社を明確にします。顧客と競合他社を分析した後に、自社の強みと弱みを明確にして自社の戦略を定めます。

問2　正解　　(4)

解説

　　(4)のブランドロイヤルティは、商品分析の内容です。営業分析は、取引先の営業力を分析するものです。

STPに関する記述について、誤っているものは次のうちどれですか。

(1)STPは、デジタルマーケティングが進展する中で生まれた新しい概念で、最近盛んに活用されるフレームワークである。

(2)セグメンテーションは、ターゲットとなる顧客を選定するにあたって、顧客をいくつかのグループに分けることである。

(3)ターゲティングは、各セグメントのビジネス上の価値を評価し、マーケティング活動を行うセグメントを選択することである。

(4)ポジショニングは、顧客ニーズ・競合他社の商品展開・ベネフィットの提供方法の視点で考えるとよい。

解答欄

| 問3 |
| --- |
|  |

## 問3　正解 　(1)

解説

(1)STPは、デジタルマーケティングが進展する中で生まれた新しい概念ではありません。古いという意見はあるものの、従前から広く活用されている最も重要な概念です。

(2)セグメンテーションは、顧客の最大公約数を求め、いくつかのグループに分けます。

(3)ターゲティングは、マーケティング活動を行うのに相応しいセグメントを選択することです。

(4)ポジショニングは、最も重要な考え方で、顧客ニーズ・競合他社の商品展開・ベネフィットの提供方法の視点で考えます。

ビジネスの成功を測る指標に関する記述について、誤っているものは次のうちどれですか。

(1)KPIは、最終目標達成の進捗を測る定量的な指標である。

(2)BSCは、業績を多角的に評価するためのフレームワークであり、「財務」「顧客」「業務プロセス」「学習と成長」の４つの視点から企業の業績を評価する。

(3)BSCの顧客の視点は、主に顧客や顧客満足度、マーケティングファネルを測るものである。

(4)KGIは、「地域No.1」や「地元コミュニティでの存在感」などの定性的な目標であり、設定することで従業員のモチベーションアップにつながる。

解答欄

| 問4 |
| --- |
|  |

## 問4　正解　(4)

解説

(1)KPIは、最終目標であるKGIをブレイクダウンした中間目標です。

(2)BSCは、業績を多角的に評価するためのフレームワークであり、「財務」「顧客」「業務プロセス」「学習と成長」の４つの視点を因果関係で連携させて評価します。

(3)BSCの顧客の視点は、主に顧客や顧客満足度、マーケティングファネルを測るものです。

(4)KGIは、経営やビジネスにおいて最終的に到達すべき数値目標です。明確な目標であるため、全社が１つとなって取り組むことができます。

プロダクトライフサイクルに関する記述について、誤っているものは次のうちどれですか。

(1)プロダクトライフサイクルとは、市場に投入された商品やサービスの成長、衰退の周期を描いた概念である。

(2)導入期→成長期→成熟期→衰退期の4つのステージの周期と、売上高・利益は関係性が全くない。

(3)成長期は、売上高や利益が伸びる一方で、競合他社が出現する段階である。

(4)衰退期は、商品やサービスがそのままではいずれ市場から消える段階である。

取引先のマクロ環境分析を行う際のPESTの要素として、誤っているものは次のうちどれですか。

(1)政治法律的要因：企業の事業活動に影響を与える政府の政策や法規制を考慮する。

(2)環境要因：環境問題に対する社会の動向や自社の事業活動が与える影響を分析する。

(3)社会文化的要因：消費者の価値観や生活様式の変化を捉える。

(4)技術科学的要因：技術革新や科学の進展を認識する。

解答欄

| 問 5 | 問 6 |
|------|------|
|      |      |

### 問5　正解　(2)

解説

(1)プロダクトライフサイクルとは、商品やサービスの市場投入から、成長、成熟、衰退までの周期を描いた概念です。

(2)導入期→成長期→成熟期→衰退期の４つのステージごとに、売上高や利益に特徴があります。例えば、導入期は売上高が少なく、利益はほとんど出ない状態です。

(3)成長期は、売上高や利益が伸びる一方で、競合他社が出現する段階です。優位性を高める活動が有効です。

(4)衰退期は、何もしないといずれ市場から消える段階です。販売促進や利益確保の工夫が必要になります。

### 問6　正解　(2)

解説

(1)PはPolitics、政治法律的要因です。

(2)EはEconomy、経済的要因です。金利やインフレーション、経済成長率などの経済的な指標を分析します。

(3)SはSociety、社会文化的要因です。

(4)TはTechnology、技術科学的要因です。

業界環境の整理に関する記述について、適切でないものは次のうちどれですか。

(1)事業活動は5つの方向からの力に影響され、業界環境は5Forceのフレームワークで整理できる。

(2)新規参入が少ない業界は魅力がないとみなされているか、参入障壁が高い。

(3)原材料の供給業者の交渉力が強くても、買い手の力には及ばず、値上げの脅威はない。

(4)思わぬ代替品が登場することは脅威となる。

クロスSWOT分析に関する記述について、適切でないものは次のうちのどれですか。

(1)「機会」×「強み」の戦略:伸ばすべき商品やサービス、競合他社に優位に立つ戦略を検討する。

(2)「機会」×「弱み」の戦略:弱みで機会を逃がさないためにするべきことを検討する。

(3)「脅威」×「強み」の戦略:脅威にさらされながら耐え忍ぶ。

(4)「脅威」×「弱み」の戦略:致命傷を回避する。

解答欄

| 問7 | 問8 |
|-----|-----|
|     |     |

## 問7　正解　(3)

解説

(1)事業活動は5つの方向からの力に影響されます。5つの要素が業界環境に影響を及ぼすことを5Forceのフレームワークで整理することが重要です。

(2)新規参入が少なければ脅威は少ないですが、新規参入が少ない業界は魅力がないとみなされているか、参入障壁が高いといえます。

(3)原材料の供給業者の交渉力が強ければ、仕入価格の上昇によって、価格競争力を失う可能性があります。

(4)同じニーズに応える異なった形態の商品やサービスは、思わぬ代替品となって脅威になります。

## 問8　正解　(3)

解説

(1)ビジネスチャンスがある中で、優位に立つ戦略が有効です。

(2)弱みによって機会損失にならないように戦略を検討します。

(3)脅威にさらされながら耐え忍ぶことに力を注ぐより、強みを進化させ脅威を回避する戦略をとったほうが効果的です。

(4)緊急対策的に、致命傷を回避します。

BMCの構成要素に関する記述について、適切でないものは次のうちのどれですか。

(1)顧客セグメント：ターゲットとする顧客やユーザー

(2)チャネル：商品やサービスの流通経路、決済方法

(3)顧客との関係：顧客との関係性を構築・維持・展開する仕組み

(4)収益の流れ：提供価値の対価、その方法や源泉

金融機関によるDX支援のポイントに関する記述について、適切でないものは次のうちどれですか。

(1)取引先の状況やニーズに合わせたアドバイスやソリューションを提供する。

(2)DXに必要な資金調達の選択肢を提供し、財務面でサポートする。

(3)データ保護やセキュリティに関するアドバイスを行い、取引先のリスク管理を支援する。

(4)取引先でのイノベーション文化の浸透を、先頭に立って行う。

解答欄

| 問9 | 問10 |
|-----|------|
|     |      |

## 問9　正解　⑵

**解説**

　⑵のチャネルの要素では、商品やサービスの流通経路、価値を訴求する方法を挙げます。決済方法は関係ありません。

## 問10　正解　⑷

**解説**

　⑴、⑵、⑶は金融機関に求められるDX支援の内容ですが、⑷のイノベーション文化の浸透を先頭に立って行うべきは取引先の経営者といえます。金融機関としては、経営者の役割を認識してもらうことに努めることが重要です。

# Chapter 3
# データ分析の理論と手法

## 1 ビジネスにおけるデータの利活用への期待

「企業がどのような問題を抱えており、それをどう解決するか」、また「新たなビジネスチャンスをどのようにつかみ、そのチャンスに対してどのような戦略を実施していくか」——。こうしたことは、ビジネスの持続性や発展性を考えるうえで最重要な観点です。

近年、ビジネス環境が目まぐるしく変わっており、事業において勘と経験と度胸という暗黙知で対処することは困難になっています。客観的な記録やデータをもとに、過去の実績や現状を知り、将来に向けて最適な方策を議論することが求められます。

多種多様で大量のデータが記録されるような技術や社会基盤が整ったこともあり、企業にはデータを活用して業務改善や経営改革を実施することが期待されます。

## 2 データ分析の目的を明確化する必要性

データがあればすぐに分析できて、最適な意思決定を導けるわけではありません。どのような課題を解決するか、そのためにどのようなデータ分析を行うか、事前に明確にしないと、目的のない分析となってしまいます。

「garbage-in，garbage-out（ゴミを入れればゴミが出てくる）」と

いう言葉があります。これは、機械学習において品質の悪い不完全なデータを入力したり品質の悪い特徴量を作成したりすると、品質の悪い不完全な学習済みモデルが出力されるという格言です。

　データ分析を行う目的が明確でなければ、データ分析に投入するデータや分析が不適切であったりして、有効な知見は得られません。

　データ分析そのものは目的ではなく、分析を通して解決したい問題や適切なアクションに結びつけることが重要です。データ分析をただ行えばよいのではなく、目的を明確にし、評価と実務への展開を視野に入れ、段階的な管理を行うことが求められます。データ分析においても、計画的に実行する必要があります。

## 3　データ分析の共通プロセス（CRISP-DM）

　データ分析の共通プロセスとして、CRISP-DMが広く知られています。CRISP-DMとは、Cross-Industry Standard Process for Data Miningの略称であり、同名のコンソーシアムにより提唱されたデータ分析プロジェクトのプロセスモデルです。CRISP-DMに沿ったデータ分析は効率よく行うことができます。次の6つのプロセスを結び付けて、データ分析を進めます。

> ステップ1：ビジネス課題の理解（Business Understanding）
> ステップ2：データの理解（Data Understanding）
> ステップ3：データの準備（Data Preparation）
> ステップ4：モデル作成（Modeling）
> ステップ5：評価（Evaluation）
> ステップ6：展開・共有（Deployment）

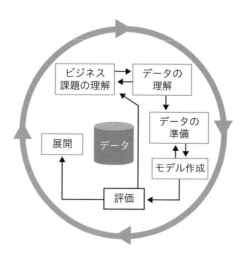

■図表19　CRISP-DMのイメージ

### ステップ1：ビジネス課題の理解

　ステップ1では、様々な方法で市場理解や自社と競合の分析を行うなどして、機会と課題の発見を行います。

### ステップ2：データの理解

　ステップ2では、分析に関係するデータを入手します。この段階で、データの集計や可視化によってデータ理解を深めることができます。データの特徴や特性を要約するような分析は、探索的データ分析（Exploratory Data Analysis：EDA）と呼ばれます。EDAでは、ダッシュボード機能を持つBIツールが広く使われています。

### ステップ3：データの準備

　ステップ3では、分析を進める前の段階として「データの準備」を行います。データ分析に必要なデータを取捨選択し、データの前処理としてデータのクリーニングや整形などを実施します。よく行

われる前処理としては「欠損値（欠けている値）の処理」「異常値（異常な値）・外れ値（極端な値）の確認」「カテゴリ変数の処理」「新たな変数の作成」などです。データの前処理を適切にしないと分析ができなかったり、分析の結果がゆがんだものになったりします。データの前処理は、分析プロセス全体の8割の時間を占めるといわれます。

### ステップ4：モデル作成

　目的に合わせて分析を行います。どのような分析を行うか、また事前にどのような仮説を立てるかは、分析を成功に導き、有効な知見を誘発するのに重要です。データの集計や可視化に加え、変数間の関係を分析する「モデル分析」が行われることもよくあります。

### ステップ5：評価

　分析で得られた結果から、分析の目標とビジネス目的を達成できるか評価します。ビジネス目的を達成できなければ、ビジネス理解のフェーズに戻って、分析の目標と成功の判定基準を再度設定します。別の分析を試みるということもあります。

### ステップ6：展開・共有

　モデルを構築できたら、「展開・共有」プロセスとして、既存の業務フローへ展開・共有し既存システムに組み込みます。モデルを組み込んで終わりではなく、効果をモニタリングしフィードバックを行って、さらなる改善を繰り返すことが必要です。継続的に価値を出し続けるために、モデルは最新の状態に保つ必要があります。分析の価値が下がらないよう、日々更新します。

## 1 変数と尺度

　データがどのような意味を持っているか正しく把握しないと、その後のデータ分析の成否に大きく影響します。数値データは、「質的変数」と「量的変数」に大きく2つに分けられます。

　質的変数とは、簡潔にいえば数量でないデータです。例えば、性別や名前のようなデータのことをいいます。一方、量的変数とは、数量を表すデータです。例えば、身長や温度など、数値で表せます。

　質的変数と量的変数は、さらに「尺度」（ものさし、基準）で分類できます。

### ①質的変数

　質的変数は、名義尺度と順序尺度で分けられます。名義尺度は、単にカテゴリを表す数量でないデータです。それに対して、順序尺度は、順序がある質的変数です。例えば、ランキングは「1位は5位よりもランクが高い」といった大小比較ができ、順序のある変数です。数字で表されますが、数量ではありません。ランキングの順位を演算しても意味はなく、順位の平均値に意味はありません。

### ②量的変数

　数量であっても、データが意味することは異なる場合があります。例えば、単に他と異なることを示す場合や、売上や利益のように大

■図表20　変数と尺度の分類

| 種類 | 尺度 | 内容 | 例 |
|---|---|---|---|
| 質的変数 | 名義尺度 | 区分のみ | 性別、名前 |
| | 順序尺度 | 値の大小関係 | ランキング |
| 量的変数 | 間隔尺度 | 値の差に意味あり | 温度、偏差値 |
| | 比例尺度 | 0に絶対的な意味あり | 売上、利益、価格 |

きさを表す場合など、同じように数字で表されるものでも意味が異なります。

　量的変数は、間隔尺度と比例尺度に分けられます。間隔尺度は、数値の差には意味があります。0であっても何もないわけではなく、例えば、0℃は温度がないわけではありません。40℃は20℃から20段階の差異があるというだけです。一方、比例尺度は0に絶対的な意味があり、100万円は50万円の2倍であるというように、何倍ということも表すことができます。

## 2 一次データと二次データ

　データは、収集目的で分類することができます。具体的には、一次データと二次データの2つです。

　一次データとは、調査目的に合った方法で独自に集めた情報のことです。調査目的に合わせて新たに取得されたデータで、アンケート調査やインタビュー調査で収集されたデータが該当します。

　二次データは調査目的で新たに収集されるものではなく、他者によって収集されたデータで、多くはすでに公開され入手可能なデータです。二次データには社内の既存データだけではなく、官公庁や調査機関などが提供しているデータも含まれます。

■図表21　所在・収集目的別データの例

| | 内部データ | 外部データ |
|---|---|---|
| 一次データ | アンケート調査データ | なし |
| 二次データ | 営業日報や販売・取引履歴 | 業界動向データや<br>政府統計等のオープンデータ |

## まず有用な二次データを調べることが多い

　二次データはすでに存在しているので、一次データに比べ調査や分析のコストがかからないという傾向があります。しかし、必ずしも利活用の目的に合うわけではないことや、収集された時期が古く現状に合わないこともあります。利活用に関しては、まず有用な二次データを調べて、不足する情報を一次データとして新たに集めるという手順が取られることが多いです。

## 3　内部データと外部データ

　データは、社内にあるか社外にあるかによっても区分できます。社内のデータは内部データであり、取引履歴や営業日報、顧客データなどが該当します。

　一方、社外にあるデータとしては、業界団体が定期的にレポートする市場動向調査や政府統計などがあります。これらは外部データに分類されます。

　日本の統計データの多くは、総務省が公開しています。国や自治体が利用範囲を限定しないデータとしてオープンデータを整備し、その活用を進めています。

　定量的な外部データは、幅広く集計されたデータが多いように思

われるかもしれませんが、調査会社が収集しているデータは対象を
絞ったモニタごとの生活実態データなど、粒度の細かいデータもあ
ります。どこにどのようなデータがあるかを把握しておくことは、
データ分析を進めるうえで重要です。

## 有効なデータを集めて組み合わせる

　有効なデータを集めて組み合わせて分析することで、有用な情報
が得られることも少なくありません。例えば、地域別の販売金額（内
部データ・二次データ）を地域ごとの人口（外部データ・二次デー
タ）で割れば、各地域の1人あたりの販売金額が求められ、地域ご
との販売力の強さを見ることができます。

## 4　構造化データと非構造化データ

　データの構造によってもデータを分類でき、構造化データと非構
造化データに分けられます。構造化データとは、Excelファイルや
CSVファイルに代表される、行と列で構成されるデータです。行が
対象、列が変量で表され、各列の属性が明確であるのが一般的です。
文字どおり構造化されているため、検索や集計、比較などがしやす
いといえます。データの解析や分析に適したデータ構造です。業務
システムで利用されるリレーショナルデータベース（RDB）も構
造化データを対象としています。

■図表22　構造化データと非構造化データの例

| 構造化データの例 | 購買履歴やネット取引のデータ |
|---|---|
| 非構造化データの例 | 文章・画像・動画のデータ |

## 非構造化データへ注目が集まる

　これに対して、非構造化データは、構造が定義されていないデータです。文章や動画、画像、音声といった形式のデータが含まれます。各種のビジネス文書も非構造化データの一種です。特徴としては、データ１つひとつは意味を持ちますが、量が多く、形式がバラバラであることです。そのままでは集計や分析に向きませんが、様々な前処理を行うことで、人工知能（AI）などの学習データとして使われます。数値にはない情報を含むことも多く、近年注目されているデータです。

## 5　パネルデータ（時系列データとクロスセクションデータ）

　同一の対象について、複数の項目を継続的に記録したデータをパネルデータと呼びます。同一の対象について継続的に調査されたデータという特徴があります。例えば、企業の複数年の財務指標をまとめたデータがパネルデータにあたります。

　パネルデータにおいて、複数の時点をまたいで抽出したデータを

■図表23　パネルデータの例

**時系列データ**

|  | 売上高 | 経常利益 | 借入残高 |
|---|---|---|---|
| 2020年度 | 100,000 | 15,000 | 10,000 |
| 2021年度 | 110,000 | 18,000 | 10,000 |
| 2022年度 | 105,000 | 20,000 | 30,000 |

クロスセクション
データ

時系列データと呼び、1つの時点に着目して項目をまたいで抽出したデータをクロスセクションデータと呼びます（**図表23**）。

　パネルデータにおいて、時系列データに着目すると時間の経過に伴うトレンドの変化や季節ごとの推移などを見る時系列分析や、クロスセクションデータに着目すると優良企業の財務指標でどの項目が特徴といえるかを明らかにするクロスセクション分析が可能です。

# Section 3 データの適正な 取扱方法と留意点

デ ータの取得や管理、廃棄の際には、注意が必要です。情報の 漏洩は法令や社会規範上問題であり、そのために厳格な管理 が求められます。また、法令やルールによって、利用方法や利用範 囲、利用目的が規制されているデータも少なくありません。

## 1 データ・セキュリティ

　データ・セキュリティは、データを改ざんや破壊、漏洩、盗難な どから守るための様々な対策です。承認されていないアクセスから データを保護し、データの機密性・整合性・可用性を維持するため の手段を指します。

　企業が取り扱うデータには、自社の経営に関する情報だけでなく、 個人・法人との取引に関する情報などが含まれます。顧客データが 外部に流出すれば、企業の信頼低下のみならず、損害賠償が求めら れたり、社会的制裁を受けたりします。

　こうしたことがないように、データ・セキュリティとして例えば 利用目的や利用範囲、取り扱える担当者の範囲などに制限がかけら れます。事故が起こってから対策を講じるのでは、多大な時間とコ ストがかかるので、データを扱う限りにおいては次のような対策を 講じることが必要なのです。

---

・データアクセス権限の制限（IDによるアクセス制限）
・ネットワーク接続の制限（インターネットアクセスの制限）
・データの暗号化やパスワード保護
・セキュリティソフトの導入
・データのバックアップ
・データの社外持ち出しの制限
・データ利用範囲の確認
・データリテラシー教育

など

## 2 個人情報の取扱いと法令等の遵守

　個人情報を利活用することで、顧客ニーズの深堀りや新たなサービスの提供などにつながります。個人情報の利活用はビジネス上有効ですが、個人情報はプライバシーに関わります。このため、取扱いには厳格さが必要であり、法令等で規制されています。代表的な規制といえば、「個人情報の保護に関する法律」（以下、個人情報保護法）です。2003年に制定され、2005年に全面施行されました。その後、様々な改正が行われています。

### 目的外利用は禁止されている

　個人情報保護法において、個人情報は生存している個人を識別できる情報で、氏名や生年月日、顔写真などが該当するとされています。単独では個人が識別できない情報でも、他の情報と突き合わせることで個人を特定できるような情報も個人情報です。2017年には、ゲノムデータなど個人識別符号も追加されました。

■図表24　個人情報・匿名加工情報・仮名加工情報の違い

| 個人情報の例 | 匿名加工情報の例 | 仮名加工情報の例 |
|---|---|---|
| 銀行太郎 | 削除 | ID0001（変換） |
| 東京都千代田区大手町1－1 | 関東地方 | 東京都 |
| 1970年1月1日生 | 1970年代生 | 1970年1月生 |

　個人情報の取扱いに関する規制としては、個人情報を入手する場合にその目的を通知し、目的外で利用することを禁止しています。また、社外に持ち出す場合は、年齢を年代にする、住所を地域にするなど、個人を特定できない匿名加工情報にすることが必要です。

　過去に行われてきた改正により、規制が強くなりデータの利活用の範囲が大幅に狭まっていました。そうしたこともあり、2022年の改正では、利用範囲が緩和された仮名加工情報が新設されました。仮名加工情報は他の情報と照合しない限り個人が特定できない情報です。内部での利用に限られるものの、例えば顧客データベースと購買データや広告閲覧データを紐づけて効果測定に用いることができるようになりました。

## 多くの日本企業もGDPRに対応

　1980年にOECDがプライバシー保護および個人データの国際移転に関するガイドラインを制定しています。世界の中でも、ヨーロッパは古くから個人情報保護に関する意識が高いこともあり、各国が独自に法整備を進めていました。しかし、国ごとの法制度の違いなどから、EU内での経済活動に支障が出ていました。

　そこで、2016年にEUでは一般データ保護規則（GDPR）を制定しました。個人データの保護に対する権利を明示し、適正な管理と

違反に対する厳しい行政罰が定められています。この規則の対象については、組織の規模に関係ないばかりでなく、EU圏内でビジネスを行う他国の企業も含められており、多くの日本企業が対応に追われました。

## 3　Web上のデータの利用制限

　Web上のデータは、スクレイピング技術（Webサイトから特定の情報を自動的に抽出する技術）などによって、ある程度自由に入手することができます。

　しかし一方で、Webサイトの運営組織からスクレイピング技術やサイト上のデータを利用することが許可されていない場合があります。また、サイト運営者が提供するAPIのみという利用制限があったり、商用利用は認めなかったりする場合もあります。

　利用者による商品評価やCtoC（C2C：消費者間ネットワーク）の口コミのデータは、消費者の本音が見える大変貴重なデータです。ただし、それらの利用に関しては、各サイトで確認しておく必要があります。

デ ータの可視化の代表的な方法がグラフ化です。グラフ化することによって、数値だけでは分かりづらいデータの特徴や分布を直観的に把握することができます。

ただし、適切なグラフを作成しないとかえって誤解したり断片的な理解となったりするので、注意が必要です。

グラフには様々な種類があり、それぞれ効果や有効活用方法は異なります。

## 1 棒グラフ

棒グラフは一般的に、カテゴリごとの数値を比較するために使用されます。数値を棒の長さで示し、複数のカテゴリ間の比較を容易にします（**図表25**）。複数のサブカテゴリの値を積み上げた形で表示される積み上げ棒グラフや、同じカテゴリの異なるグループを並べて表示しカテゴリ内の比較をしやすくする群棒グラフなどもよく使われます。

## 2 折れ線グラフ

折れ線グラフは、数値の点を線で結んで表示するグラフです（**図表26**）。特に、時間の経過に伴う変化や季節トレンドの変化を視覚的に示すのに適しています。他に、頻度や構成比率の大きさの順位

■図表25　棒グラフの例

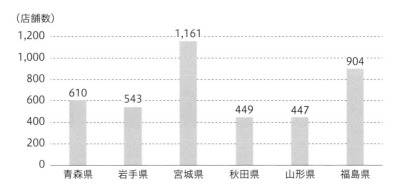

■図表26　折れ線グラフの例

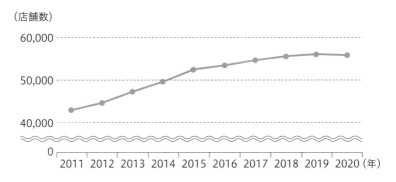

に並べられたカテゴリカルデータ（異なるグループに分けられたデータの集合）を折れ線グラフで表すことで、順位と値の関係を視覚的に把握できます。

## 3　帯グラフ・円グラフ

　帯グラフや円グラフは、主にカテゴリカルデータの構成比率や割

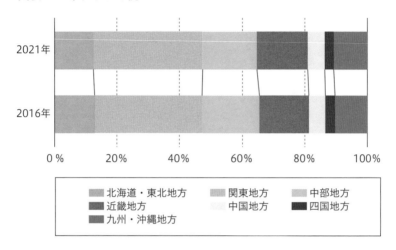

■図表27　帯グラフの例

| | 北海道・東北地方 | 関東地方 | 中部地方 |
|---|---|---|---|
| | 近畿地方 | 中国地方 | 四国地方 |
| | 九州・沖縄地方 | | |

■図表28　円グラフの例

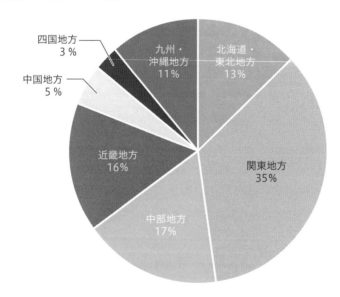

合の比較を示すのに用いられます。これら2つは、データの構成要素間の相対的な大きさを比較するのに有効です。

　帯グラフは、帯の長さ全体が100%になるように調整され、データセット内の各カテゴリの値を帯の長さで表現します（**図表27**）。各カテゴリの長さは、相対的な大きさを示します。

　円グラフは、円の角度（360度）を100%として、それぞれのカテゴリの割合に合わせて扇型に配置されます（**図表28**）。角度が大きいほど、全体のうちに占める割合が大きいということになります。

　帯グラフを複数並べたり、円グラフを同心円上に複数配置したドーナツ型にしたりすることで、複数のデータ系列を同じグラフ内で表示することができます。例えば、構成比率の時間変化などを把握することが可能です。

## 4 ヒストグラム

　ヒストグラムは、主に連続的な数値データの頻度分布を示すのに用いられます。データセット内の特定の区間（ビン）に含まれるデータの頻度や比率を高さとして表します（次ページの**図表29**）。

　ヒストグラムによって、分布の形や中心の傾向、ばらつき、極端な値の存在などを把握することが可能です。具体的には、データの分布が左右対称か非対称か、一山の分布か一様に分布しているかなど、分布全体の様子を視覚的に把握できます。他にも、データの中で極端に高い値または低い値（外れ値）を見つけ出すことが可能です。ヒストグラムはデータの分布を示しますが、個々のデータに関する情報は分かりません。

　通常はすべてのビンを均等にしますが、頻度が少ない部分はビン

■図表29　ヒストグラムの例

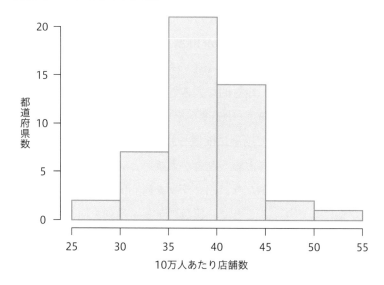

を広くとるなど異なる幅とすることもあります。ビンの数や幅の選び方によって、ヒストグラムの形状が大きく変わるため、適切なビンの数や幅を選ぶことが重要です。

## 5　箱ひげ図

　箱ひげ図は、四角い箱とそこから飛び出ている「ひげ」と呼ばれるもので構成されます（**図表30**）。ヒストグラムと同じように、データの分布を視覚的に表現するグラフの一種です。ヒストグラムと異なり、複数の系列のデータを並べて見ることができます。

　箱ひげ図は、四分位数をもとにデータの分布を可視化します。四分位数とは、データを小さい順に並べ4等分したもので、各区分は25％刻みになります。第1四分位数（25％）、第2四分位数（50％、

■図表30　箱ひげ図の例

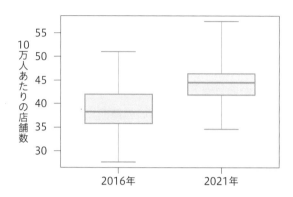

■図表31　箱ひげ図の意味と見方

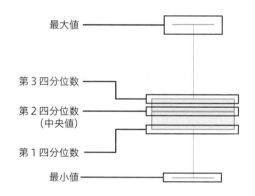

※総務省統計局「なるほど統計学園」HPをもとに作成

中央値)、第3四分位数（75%）です。四分位数で箱を描き、下部の最小値から第1四分位数までの間、第3四分位数から最大値までの間を直線（ひげ）で結びます（図表31）。箱の中の太線が中央値です。

## データの中心の範囲が分かる

第1四分位数と第3四分位数の間の範囲を四分位範囲、四分位範囲の半分を四分位偏差といいます。いずれも中心付近のデータがどのくらい散らばっているかの目安となります。

箱ひげ図から、データの中心がどのくらいの範囲にあるか、またデータの裾がどのくらい広いかといったことが容易に理解できます。複数の系列の箱ひげ図を並べれば、分布にどのような差があるかを比較できます。

なお、ひげの範囲を最小値と最大値までとせず、四分位範囲の1.5倍までに含まれるデータの最小値もしくは最大値までとして、その外側は外れ値の候補として検出する箱ひげ図もよく使われます。

## 6 散布図

散布図は2種類の数量データの項目を縦軸と横軸に設定して、データの座標にマーカーをプロットしたグラフです。2つの項目間の関係を把握することができます。図表32は都道府県ごとの人口10万人あたりのコンビニエンスストアの店舗数の2016年と2021年の散布図です。右斜め上に伸びる直線状に点が散布しています。一方、一部の県は、点が集中している領域から離れたところに位置しており、この5年間で集中的に出店があった様子が分かります。

また一見、2つの項目に関係がなくても、別の変数でグループ分け（層別）して色を変えて表示すると関係があることが分かることもあります。

■図表32　散布図の例

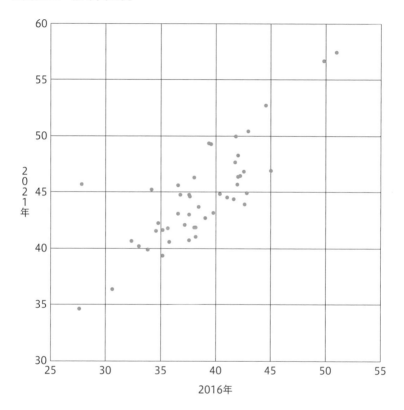

## 7　複合的なグラフ

　個別のグラフに工夫を加えることで、データへの理解をさらに深めることができます。

　例えば、棒グラフと折れ線グラフを組み合わせたものがあります（次ページの**図表33**）。棒グラフは左の縦軸、折れ線グラフは右の縦軸で値を表し、異なる単位のデータを一緒に見ることができます。

■図表33　組合せグラフの例

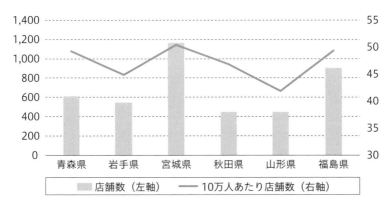

■図表34　バブルチャートの例（県別コンビニエンスストア店舗数）

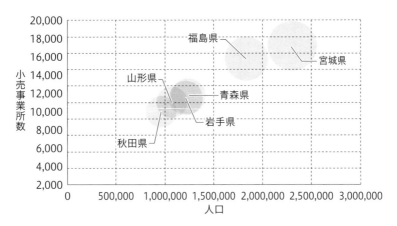

　図表34はバブルチャートです。横軸と縦軸で構成される散布図に、関係するもう1つのデータを加えて、円の大きさで表します。3つのデータの関係性について、1つのグラフで見ることができます。

■図表35　ダッシュボードの例（統計ダッシュボード）

出所：総務省統計局「統計ダッシュボード」（https://dashboard.e-stat.go.jp/）

## 8　ダッシュボード

　複数のデータの情報を集約して表示する機能やツールを、一般的にダッシュボードといいます。

　用途に合わせたシステムが様々構築されており、例えば業務や経営状態に関する様々な情報を社内システムから集めてグラフや表などに変換し、一覧で表示するシステムがあります。このようなシステムは「マネジメントダッシュボード」「経営ダッシュボード」などと呼ばれます。

　最近では、BIツールにダッシュボードの機能が実装されていることが増えています。

## 1 集計と集計表

　集計とは、項目ごとにデータを数え上げたり合計したりした結果をまとめることです。データの可視化と並んで、データの集計はデータの様子を知るために重要です。

　大量のデータから有益な情報を抽出し、データの特徴を把握するため、集計表にまとめるのが一般的です。例えば、カテゴリカルデータについて度数や構成比率を求めて集計表にまとめます。

　1つの項目について集計することを単純集計といい、表にしたものを単純集計表と呼びます（図表36）。複数の項目を掛け合わせて集計することをクロス集計といい、行と列に割り振って作る集計表をクロス集計表と呼びます（図表37）。

### クロス集計は複数項目間の関係の把握に役立つ

　単純集計では、1つの項目について値がどのように散らばっているか傾向が分かります。これに対して、クロス集計では、複数項目を比較検討でき複数項目間の関係を把握するのに役立ちます。

　図表36の単純集計表では、興味のある人の割合が多くいます。この集計に年齢を掛け合わせた図表37のクロス集計表を見ると、特に若年層に興味が高い傾向があることが分かります。

■図表36　単純集計表の例

| | 興味がある | どちらでもない | 興味はない | 合計 |
|---|---|---|---|---|
| 人数 | 150 | 100 | 50 | 300 |
| 割合 | 50% | 33% | 17% | 100% |

■図表37　クロス集計表の例

| 度数 | 興味がある | どちらでもない | 興味はない | 合計 |
|---|---|---|---|---|
| 20代 | 75 | 15 | 10 | 100 |
| 30代 | 45 | 40 | 15 | 100 |
| 40代 | 30 | 45 | 25 | 100 |
| 合計 | 150 | 100 | 50 | 300 |

## 2　統計量

　集計で数を集めて合計し結果をまとめるだけでは、そのデータの傾向や特性をつかむことは容易ではありません。そこで、データの傾向や特性をつかむため、集計で得たデータをもとに統計を行うことが有効です。

　統計とは、集計データの傾向や性質を数量的に表すことであり、統計量はデータの分布の特徴を要約した値です。

　データから抽出したサンプル（標本）の分布の特徴を定量的に記述・要約した統計量は、記述統計量もしくは要約統計量と呼ばれます。いわゆるデータの基本的な性質を表す指標です。一般的な統計量をここで紹介します。

■図表38　ヒストグラムを使った形状の比較

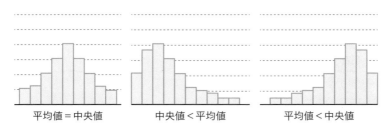

平均値＝中央値　　　　　中央値＜平均値　　　　　平均値＜中央値

### ①代表値を表す統計量

代表値として、次のようなものが挙げられます。

---

**平均値**…データの数量の合計を件数で割ったもの。データの分布の
　　　　中心付近の値として最もよく使われる

**中央値**…数量を小さい順に並べ、真ん中の順位のデータが中央値

**最頻値**…カテゴリカルデータもしくは区間を分割して各区間にあて
　　　　はまる頻度を求めた度数分布表において、最も頻度が高い
　　　　カテゴリもしくは区間の代表値

など

---

　平均値と中央値はよく比較されます。平均値と中央値が近ければ、データは左右対称に近い形をします（**図表38**）。平均値が中央値よりも大きければ、値の大きいほうに裾が広がる分布になり、値の大きい外れ値が含まれていることが考えられます。平均値が中央値よりも小さければ、値の小さいほうに裾が広がる分布になり、値の小さい外れ値が含まれていることが考えられます。

### 移動平均は時系列データの変動を平滑化する

　ちなみに、時系列データに対して平均値を応用した手法として、

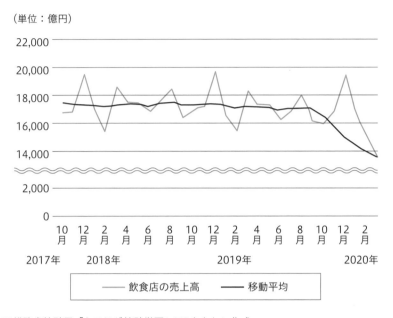

■図表39　移動平均の例（全国飲食店の売上高の推移）

（単位：億円）

※総務省統計局「なるほど統計学園」HPをもとに作成

移動平均があります。移動平均は、変動が細かすぎるデータの変化を滑らかにし全体の傾向をつかみやすくします。時系列データにおいて、一定区間の平均値を、区間をずらしながら求めると、時の流れに伴うトレンドが分かります。移動平均は各時点の突発的な変動や年度末の特需といった時期特有の変動を平滑化することができ、長期的な視点で時系列変化を捉えることができます。

　図表39の「飲食店の売上高」の折れ線グラフでは、変動が大きく傾向が分かりづらいです。この数値をもとにした移動平均では、長期的に少しずつ下降トレンドであることが分かります。

### ②チラバリを示す統計値

データの中心の値と並んで重要なのが、データの「チラバリ」です。データがどのように散らばっているか（分布しているか）を見る統計値（尺度）としては、次のようなものがあります。

> 分散…………データがどれくらい広がっているか、データが平均値からどれくらい離れているかを表す統計量。分散が大きくなれば、データ全体のチラバリが大きいことを意味する。各データと平均値の差（偏差）を2乗した和をデータの数で割って求める
>
> 標準偏差……分散に対する平方根の値。分散の平方根によって単位がもとに戻るので、標準偏差がよく使われる。標準偏差が大きくなるほどデータのばらつきが大きくなる
>
> 四分位範囲…第3四分位数と第1四分位数の間をいう中央の50%が含まれる範囲を示す。箱ひげ図の箱に表示される

### ③2変量間の関係を示す統計値

2つの変量の関係を表す統計値があります。代表的なのは相関係数です。片方の値ともう片方の値がどのように関係しているかを見ることができます。

相関係数は、−1から1までの値で、プラスであれば「正の相関関係」があり、マイナスであれば「負の相関関係」があります。相関係数の絶対値が1に近いほど相関関係は強くなります。0に近ければ近いほど、ほぼ相関がないと評価します。0の場合は「無相関」といいます。完全に0になることはまれです。相関係数と散布図のバラツキの関係は図表40のようになります。

ただし、相関係数は比例関係を計る指標で、あくまでも目安です。相関係数が0でも2つの変量にまったく関係がないとはいえません。

■図表40　散布図と相関係数の関係

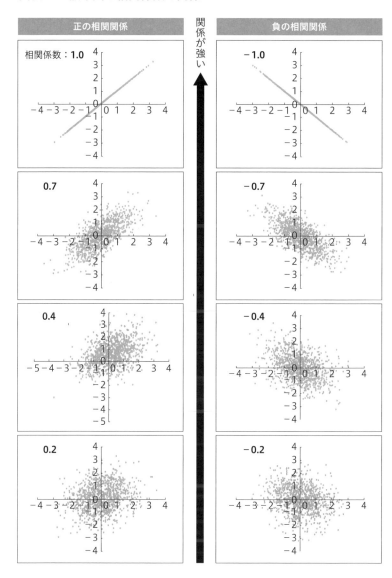

※熊本県HPをもとに作成

■図表41　放物線状の散布する例（相関係数：0.96）

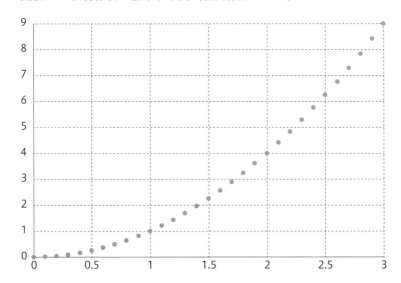

逆に、2つの変量に強い関係性があるように見えても相関係数の絶
対値が1にはならないこともあります。例えば、散布図で右肩上が
りの放物線状にデータが散布するような場合（**図表41**）に、2つ
の変量は何らかの関係があるように見えます。相関係数を計算する
と1にはなりません。

# 分析の際に行う
# データの前処理

　デ ータ分析のために入手したデータが、そのまま使えるとは限りません。有効な施策を立案するためのデータ分析には、分析にあたってデータの前処理が必要なことがしばしばあります。

## 1　欠損値の処理

　アンケート調査の未回答や記録ミスなどに起因するデータの欠損がある場合、誤った解釈に導く相関係数になるなどの問題が生じます。多くの場合、欠損データを削除しますが、場合によっては平均値や最も保守的な値を代入するといった補完を行うこともあります。

## 2　名義尺度データの0-1データ化

　天候や商品名のようにデータが名義尺度である場合、そのままでは定量的な分析に使えないことがあります。

　そこで、次ページの図表42のように、あてはまる場合は1、そうでない場合は0とする変数に置き換える手法を取ります。こうすることで、集計や分析モデルで数値データとして用いることができるようになるのです。

　このような前処理を機械学習では一般的に「one-hot encoding」と呼びます。

■**図表42　カテゴリカル変数の加工**

| | 晴れ | 曇り | 雨 |
|---|---|---|---|
| 1．晴れ | 1 | 0 | 0 |
| 2．曇り | 0 | 1 | 0 |
| 3．雨 | 0 | 0 | 1 |

## 3　異常値や外れ値の修正や除去

　店舗の１日の来客数が1,000万人、Webサイトのページビュー数がマイナスと、あり得ないデータが記録されていることがあります。こうした値を「異常値」といいます。異常値は、データ分析の際に修正または除去をすることが必要です。

　また、データの分布の中で大きく外れた値があると分析結果の解釈を歪めてしまう場合もあります。例えば、多くの顧客の購入金額が１万円程度にもかかわらず、ごく少数の顧客が100万円以上購入している場合、そのまま平均値を求めると中央値と大きく異なります。こうした少数の分布で極端な値のデータは「外れ値」と呼ばれます。都道府県単位での分析をするときに、経済の中心地である東京都はその他の道府県の分布から大きく離れていることがあります。

　外れ値は必ずしも除去しなければならないというわけではありません。しかし、データ分析では留意することが重要です。

## 4　複数のデータの結合

　ひとかたまりのデータセットだけでは情報が不足する場合もあります。例えば、企業の規模と取引実績について分析するときに、取

120

■図表43　データの結合の例

**取引履歴のデータ**　　　　　　　　（円）

| 月日 | 社名 | 取引金額 |
|------|------|---------|
| 10月1日 | A社 | 100,000 |
| 10月2日 | C社 | 400,000 |
| 10月2日 | C社 | 400,000 |

**企業データ**　　　　　　　　　　　（円）

| 社名 | 資本金 | 従業員数 | 売上規模 |
|------|--------|---------|---------|
| A社 | 10,000,000 | 5人 | 60,000,000 |
| B社 | 30,000,000 | 30人 | 400,000,000 |
| C社 | 20,000,000 | 10人 | 100,000,000 |

**結合データ**　　　　　　　　　　　　　　　　　　　　（円）

| 月日 | 社名 | 取引金額 | 資本金 | 従業員数 | 売上規模 |
|------|------|---------|--------|---------|---------|
| 10月1日 | A社 | 100,000 | 10,000,000 | 5人 | 60,000,000 |
| 10月2日 | C社 | 400,000 | 20,000,000 | 10人 | 100,000,000 |
| 10月2日 | C社 | 400,000 | 20,000,000 | 10人 | 100,000,000 |

引履歴のデータベースに企業名はあるが、個別企業の情報は別のデータベースであるような場合です。このような場合は、企業名をキーとして取引履歴のデータベースと個別企業のデータベースを結合すると、有益な分析になります（図表43）。

## 5　データの粒度の変更

　データ分析の際に、データの細かさが邪魔になることもあります。例えば、生年月日のデータでは年齢・月齢などが分かりますが、10歳刻みでまとめたほうが良い場合もあります。取引先の与信をするときにも、細かい取引金額ではなく、取引金額の大小でいくつかのグループにまとめたほうが分析しやすい場合もあります。データの準備は、ビジネス理解のフェーズに定めた分析目標の達成にもつながるため、こうした作業には十分に時間を割く必要があります。

| | 売上 |
|---|---|
| 2020年 | 10億円 |
| 2021年 | 11億円 |
| 2022年 | 12億円 |

| 前年比 | 2020年を基準 |
|---|---|
| —— | —— |
| $\frac{11}{10} \times 100 = 110$ | $\frac{11}{10} \times 100 = 110$ |
| $\frac{12}{11} \times 100 = 109$ | $\frac{12}{10} \times 100 = 120$ |

## 6 　増減率・指数

　時系列データでは、観測されたデータそのものでなく、前年比・前月比のように倍率・増減率で表記される例も少なくありません。倍率・増減率は、以下のような式で求められます。

・倍率＝当該年の値÷基準時点の値
・増減率＝（当該年の値－基準時点の値）÷基準時点の値

　倍率に対して100を掛けた指数として表記されることもあります。前年比だけでなく、ある時点を100としてその他の時点の倍率を表記することもあります。2020年に売上10億円、2021年に11億円、2022年に12億円とした場合、「前年比」と「2020年を基準」にした指数は図表44のようになります。

　企業を評価するときに安全性や成長性など多数の経営指標を使って総合的に評価するように、ある対象に対して説明する複数の変数（変量）を同時に考慮するような場面があります。データ分析において、複数の変数間の関係を様々な分析手法により評価することがしばしば行われます。

　分析手法には、予測などに用いられる「因果関係の分析」や「クラス分類を行う分析」、市場構造などを分析する「構造の分析」、似たもの同士をグループ化する「クラスタリングのための分析」などがあります。

## 1　因果関係の分析

　売上が増えると利益が増えるように、ある項目が他の項目に影響を与える関係にあるとき、「因果関係」があるといいます。因果関係を定量的に評価できれば、要因となる項目がどの程度結果に影響を与えるか、また要因となる項目がどうなれば定めた結果となる目標値を実現できるかを把握できます。ただし、要因から結果への影響は考えられても、その逆の関係は成り立ちません。この点が因果関係と相関関係の違いです。

　因果関係の分析に用いられる代表的な手法が、回帰分析です。回帰分析とは、結果となる数値（目的変数）と要因となる数値（説明

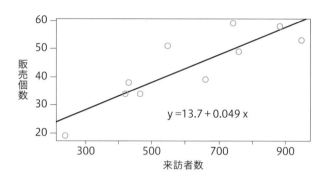

■図表45 回帰分析の例

$y = 13.7 + 0.049\ x$

変数）の関係を調べて、それぞれの関係を明らかにする統計的手法
です。**図表45**に示すように、データにあてはまる直線の関数（回
帰直線）を推定します。散布図に表示された各点の真ん中を通る線
と考えるとイメージしやすいでしょう。

　得られた直線から、図表45で来訪者が600人であれば、40個くら
いの販売が見込めます。また、50個販売するためには、740人くら
いの来訪者が必要というような見積りができます。

## 2　クラス分類を行う分析

　送付した広告メールに反応するかしないか、企業が倒産するかし
ないかといった、結果をカテゴリ（クラス）で判別することをクラ
ス分類といいます。クラス分類された値はカテゴリ変数といい、分
析の対象になります。

　要因の項目の値（説明変数）から結果のクラスが予測できれば、
どのような状況でデフォルトが起こるかなどのルールを発見するこ
とができます。

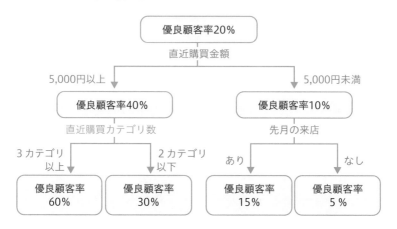

■図表46　決定木分析の例

　こうした分析でよく使われるのが決定木分析です。決定木分析は、予測や判別、分類をするのに有効な分析です。一定のしきい値を基準としてデータを分類していきます。説明変数の中で一番よく分類できる項目と、その分類のしきい値を決めてデータを分割することでクラスの予測をします。

　こうした分割を逐次的に行うことで、一定のクラスだけが集まったグループに分類します。

　決定木分析では、図表46のような図を描きます。この例の場合、直近購買が5,000円以上で、購買カテゴリ数が3カテゴリ以上ある場合には、優良顧客が60％含まれるグループが形成されています。

## 3 　構造の分析

　同じ業界の企業の特徴を比較する場合や、社内の複数の事業を比較する場合に、平面グラフ上の縦横2つの評価軸に対して、複数の分析対象の位置関係を表すようなグラフが作成されることがありま

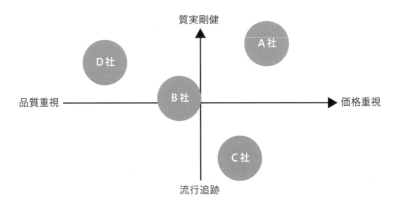

■図表47　ポジショニング・マップの例

質実剛健

A社

D社

品質重視 ← → 価格重視

B社

C社

流行追跡

す。こうしたグラフはポジショニング・マップと呼ばれます。ポジショニング・マップの縦軸と横軸は異なる視点で比較するものが望ましいです。

　図表47は、定性的な縦軸・横軸に関する相対的な位置について座標を与えています。その他、例えば横軸を市場シェア、縦軸を売上の伸び率とするなど、定量的な項目を軸とすることもあります。

　縦と横の座標のマーカーと合わせて、関係する第3の項目データの数値を円の大きさで表すグラフがあり、これはバブルチャートといわれます。

　また、多数の評価項目をまとめて平面のポジショニング・マップを描く分析手法として、主成分分析（図表48）や因子分析などがあります。

## 4　グルーピングの分析

　前項で解説したポジショニング・マップなどで、座標が近いもの

■**図表48　主成分分析の例**

| 製品 | デザイン | 機能 | 手軽さ | 値ごろ感 | 耐久性 |
|---|---|---|---|---|---|
| A | 6 | 9 | 8 | 6 | 6 |
| B | 7 | 8 | 7 | 5 | 7 |
| C | 4 | 7 | 7 | 4 | 9 |
| D | 5 | 7 | 8 | 5 | 8 |
| E | 9 | 6 | 8 | 3 | 8 |
| F | 8 | 5 | 9 | 8 | 7 |
| G | 4 | 7 | 6 | 5 | 8 |

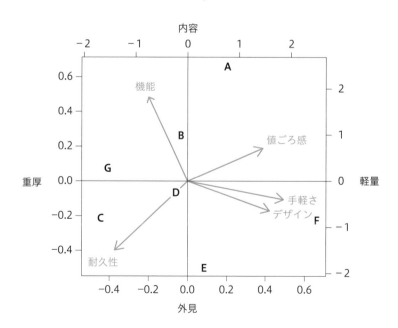

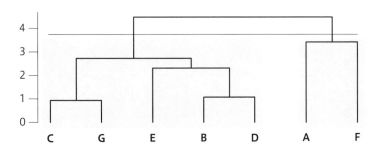

をまとめることで競合関係を評価したり、まとめられたグループ同士の差異を比較したりします。こうしたグルーピングをする分析手法として、クラスター分析が知られています。市場を構成する消費者や企業をいくつかの同質なグループに分割するセグメンテーションなどで用いられる手法です。グルーピングされたデータの集まりをクラスターと呼びます。

　クラスター分析の一種に階層型クラスター分析があります。この手法では、全対象のうち近いペアを1つのグループにまとめるというプロセスを繰り返していくことで、徐々に大きなグループを作っていきます。クラスターは図表49のような図で作成します。この図はデンドログラムといいます。図の下から上に向けてだんだんと大きなクラスターが形成される様子が表されており、CとG、BとDがグループになります。

　なお、図表49は図表48の主成分分析から得られるポジショニングの座標を用いています。AとFのクラスターと、その他のクラスターは、軽い製品とそれ以外という分類になっていることが分かります。

## 1 A/Bテストの概要と手順

　最適な方策を決定するために、小規模なテストが行われることがあります。特に、Webサイトで提示する情報は変更しやすいため、小規模テストがよく行われます。

　例えば、Webサイトへの流入を増やすために、検索サイトに表示される広告（検索連動型広告）を利用することがあります。そこで、検索連動型広告で自社のものが表示されるためにどのようなキーワードを検索サイトで入札（設定）すべきかを考えます。候補となるキーワードを変えたパターンを作って小規模テストを行い、その効果を検証します。

　具体的には、異なる2つの案（A案とB案）をランダムに振り分けたユーザーグループに提示し、どちらの案のほうが効果的であるかを実験的に比較検討します。このようなテストをA/Bテストと呼びます。

　A/Bテストは、Webサイトの最適化のほか、マーケティングキャンペーンや製品機能の評価など様々な分野で利用されています。

### 客観的に意思決定できる

　A/Bテストの基本的なプロセスは、次ページの図表50のとおり

■図表50　A/Bテストの基本的なプロセス

| プロセス | 具体的な行動 |
|---|---|
| ステップ1<br>「目的の設定」 | A/Bテストを実施する目的を明確に設定する。目標例としては、コンバージョン率の向上やクリック率の改善など |
| ステップ2<br>「変更ポイントの決定」 | テストで比較する2つ以上の案の変更ポイントを決定する。例えば、Webサイトの検索枠の大きさや表示する商品の写真、レイアウトといった比較検討したい要素が考えられる |
| ステップ3<br>「比較グループの選定」 | 対象となるユーザをグループに分ける |
| ステップ4<br>「テストの実施」 | グループごとに異なる別の案を提示し、テストする |
| ステップ5<br>「データの収集と分析」 | 各グループのユーザの行動を記録・分析し、どの案がより良いか評価する。このときにしばしば統計的仮説検定（詳細は後述）が用いられる |
| ステップ6<br>「結論」 | 統計的評価などから、どの案が目的の達成に効果的であるかを判断 |
| ステップ7<br>「実装」 | テストの結果に基づき、より効果的と判定された案を採用し実装する |

です。

　事業に関し大規模な変更を行う前に、A/Bテストで小規模に試行することでリスクを最小限に抑えられます。また、A/Bテストによってデータに基づいた客観的な意思決定ができます。

　ただし、A/Bテストで統計的に有意な結果を得るには、十分なサンプルサイズが必要です。そのため、ある程度のテスト期間も必要となります。A/Bテストにおいて、一度に多数の要素を変更すると、どの要素の影響であるか特定するのが難しくなります。テスト実施期間が長くなれば、その間の市場の変化といった外部要因が影響す

130

■図表51　統計的仮説検定の基本的なプロセス

| プロセス | 意味と具体的な行動 |
|---|---|
| ステップ1「2つの仮説の設定」 | 帰無仮説と対立仮説を設定する |
| ステップ2「検定統計量の計算」 | 帰無仮説を評価するために使用する検定統計量を求める |
| ステップ3「有意水準の設定」 | 有意水準とは、帰無仮説が間違っていると判断する（帰無仮説を棄却する）基準。帰無仮説を棄却するしきい値を設定する。一般的には、5％が使われる |
| ステップ4「帰無仮説の評価」 | 検定統計量が従う確率分布を用いて、帰無仮説の下での検定統計量の確率値（P値）を計算する。検定統計量とはデータを確率的に分布させて検定で利用しやすくした値であり、P値とは帰無仮説が真であると仮定した場合に観測されたデータよりも極端な結果が得られる確率。検定統計量が従う分布は検定の種類によって異なる |
| ステップ5「結論」 | P値と有意水準と比較し、P値のほうが小さければ帰無仮説を棄却し、対立仮説を受容する。これは統計的に有意な結果と見なされる。そうでない場合、帰無仮説は棄却できないとし、統計的には有意ではない結果と見なされる |

ることもあるので、注意深く考慮することが重要です。

## 2　統計的仮説検定の概要と手順

　A/Bテストで得られたデータは、サンプルのデータです。市場全体を対象としたときに、A/Bテストで採用した案の違いが実際の市場で本当に差が生じるかといった検証が必要になります。こうしたサンプル（テスト対象）から母集団（市場全体）の違いの有無を評価するのが統計的仮説検定（もしくは統計的検定）です（図表50のステップ5）。

■図表52　広告Ａと広告Ｂの場合の購買結果　　　　　　　　（百円）

|  | 広告A | 広告B |
|---|---|---|
| 顧客5人の購買増加額 | 53、57、61、62、65 | 45、45、53、53、59 |
| 上記平均 | 59.6 | 51 |

■図表53　各種検定

| 検定 | 目的 | 使われる分布 |
|---|---|---|
| 平均値の検定 | 標本平均がある値といえるか | t 分布 |
| 2群の平均値の差の検定 | 2群の平均値に差があるか | 標準正規分布もしくはt分布 |
| 2群の比率の差の検定 | 2群の比率の平均値に差があるか | 標準正規分布 |
| 独立性の検定 | クロス集計において分類基準間で分布の差があるか | カイ二乗分布 |
| 分散分析 | 3つ以上の群の平均値に差があるか | F 分布 |

　統計的仮説検定では、帰無仮説と対立仮説を使います。帰無仮説とは、何も効果の差がない状態や関連性がない状態になるように設定する仮説です。対立仮説とは、帰無仮説を否定したもので、差がある・関係性があるという仮説です。

　対立仮説は通常、分析者が実証したい仮説ですが、直接証明はできません。このため、否定されることを前提に設定される帰無仮説が成り立つことを棄却することで、対立仮説が採択されることになります。統計的仮説検定は、前ページの図表51のようなプロセスで行います。

## P値が有意水準より小さいと検定は有意

以下で、統計的仮説検定の具体例を紹介します。

　2種類の広告（広告A、広告B）を顧客5人ずつに提示し、顧客ごとにどのくらい購買が増えたかを測定するA/Bテストを実施して、図表52の結果が得られたとします。

　帰無仮説は「2つの広告の効果に差がない」、対立仮説は「2つの広告の効果に差がある」となります。広告Aの場合と広告Bの場合のそれぞれの平均値は59.6百円と51百円です。これら2つの広告の効果に差があったかどうかを統計的仮説検定で検証します。

　詳しい計算過程は省略しますが、検定統計量は2.53となります。今回の検定では、検定統計量は自由度8のt分布に従うことが知られており、そのP値は0.037（3.7％）となります。有意水準を5％とすると「3.7％＜5％」です。このことから、検定の結果は有意であり、帰無仮説が棄却されて広告効果に差があると結論づけられます。

　参考までに、統計的仮説検定以外によく使われる検定と用いられる確率分布を図表53にまとめています。

問11

CRISP-DMの6つのプロセスの順番として、正しいものは次のうちどれですか。

(1)ビジネス課題の理解→データの準備→データの理解→モデル作成→展開・共有→評価

(2)ビジネス課題の理解→データの理解→データの準備→モデル作成→評価→展開・共有

(3)データの理解→データの準備→ビジネス課題の理解→モデル作成→評価→展開・共有

(4)ビジネス課題の理解→モデル作成→データの準備→データの理解→展開・共有→評価

問12

データの尺度に関する記述について、誤っているものは次のうちどれですか。

(1)名義尺度は、単にデータをカテゴリに分類するための尺度であるので、順序や大小の関係は存在しない。

(2)順序尺度は、カテゴリ間に順序やランキングの関係は存在するが、カテゴリ間の距離は等間隔ではない。

(3)間隔尺度は、目盛が等間隔であり、間隔尺度で測定された値同士の足し算や比率計算に意味がある。

(4)比例尺度は、0を原点とする尺度である。

解答欄

| 問11 | 問12 |
|------|------|
|      |      |

# 解答・解説

## 問11　正解　(2)

解説

「ビジネス課題の理解→データの理解→データの準備→モデル作成→評価→展開・共有」の順で行います。

## 問12　正解　(3)

解説

(1)名義尺度は、性別や名前など単にカテゴリを表す尺度であり、順序や大小の関係は存在しません。

(2)順序尺度は、ランキングなど値の大小関係を示しますが、カテゴリ間の距離は等間隔ではありません。

(3)間隔尺度は、温度や偏差値など値の差に意味があるもので、値同士の足し算や比率計算に意味はありません。

(4)比例尺度は、売上や利益など0を原点とする尺度で、比率計算が可能です。

　グラフ等の種類に関する記述について、正しいものは次のうちどれですか。

(1)棒グラフは、データに関する時間の経過に伴う数値の変化を示すのに適している。

(2)円グラフは、データのカテゴリごとの数値を示すのに適している。

(3)箱ひげ図は、散布図に関係するもう１つのデータを加えて円の大きさで表し、３つのデータの関係性を示す。

(4)ヒストグラムは、データの範囲をもとに複数の区間に分け、区間ごとの頻度を示す。

問14

　相関係数に関する記述について、正しいものは次のうちどれですか。

(1)相関係数は、プラスであれば正の相関関係、０であれば負の相関関係があることを示す。

(2)相関係数0.3と0.7を比べると、0.7のほうが相関関係が強いといえる。

(3)相関係数が２の場合、一方の変数が増加すると、もう一方の変数は２倍になる。

(4)相関係数は、２つの変数の因果関係の強さを表している。

解答欄

| 問13 | 問14 |
|------|------|
|      |      |

| 問13　正解 | (4) |

**解説**

(1)棒グラフは、データのカテゴリごとの数値を示すのに適しています。

(2)円グラフは、データのカテゴリごとの構成比率を示すのに適しています。

(3)箱ひげ図は、四分位数をもとにデータの分布を示すものです。

(4)記述のとおり。ヒストグラムは、データの分布の形や中心の傾向、ばらつき、極端な値の存在などを把握できます。

| 問14　正解 | (2) |

**解説**

(1)相関係数は、プラスであれば正の相関関係、マイナスであれば負の相関関係があることを示します。0に近いほどほぼ相関がないとされ、0は無相関といいます。

(2)相関係数の絶対係数が1に近いほど、相関関係は強いです。

(3)相関係数は、－1から1の値をとるため、2になることはありません。

(4)相関係数はあくまでも相互の関係のみを示しており、直接的に因果関係を示すものではありません。

下の表は、A社の2021年度からの3年間の売上高について、2021年度を100とした指数をまとめたものです。空欄Aに入る金額として、正しいものは次のうちどれですか。なお、問題の都合上、「＊」としている箇所があります。

| 年度 | 売上高 | 2021年を基準にした指数 |
|---|---|---|
| 2021 | 30億円 | —— |
| 2022 | 33億円 | ＊ |
| 2023 | （ A ） | 120 |

(1)25億円

(2)27億5,000万円

(3)36億円

(4)39億6,000万円

解答欄

| 問15 |
|---|
|  |

## 問15　正解 ⑶

**解説**

　倍率に100を掛けたものが指数です。2023年度の売上高を x とすると、$\dfrac{x}{30億円} \times 100 = 120$ となります。この算式を解くと、x = 36億円となります。

A/Bテストに関する記述について、正しいものは次のうちどれですか。

(1)A/Bテストは、同じユーザーを対象に、要素の異なる製品や機能を複数回表示したり販売したりし、反応や売れ行きを確認するテスト方法である。

(2)A/Bテストは、Webテストの最適化に用いられる。

(3)A/Bテストのテスト実施期間は、長いほど良いとされる。

(4)統計的仮説検定では、P値が有意水準より大きいと、検定は有意であるとされる。

データ分析にあたっての前処理に関する記述について、誤っているものは次のうちどれですか。

(1)欠損値の処理：欠損データを削除したり、補完的なデータを代入したりする。

(2)カテゴリカル変数の加工：カテゴリの特徴を捉えて数量にまとめる。

(3)異常値の処理：あり得ない数値データを修正または除去する。

(4)複数のデータの結合：異なるデータベースをキーとなるデータで結合させる。

解答欄

| 問16 | 問17 |
|------|------|
|      |      |

## 問16　正解　(2)

解説

(1)A/Bテストは、ランダムに分割された2つのグループに対して、特定の要素を変更したパターンの製品やサービスを試すテスト方法です。

(2)A/Bテストは、Webテストの最適化に用いられるほか、マーケティングキャンペーンや製品機能の評価など様々な分野で利用されています。

(3)A/Bテストのテスト実施期間はある程度は必要ですが、長すぎると、その間の市場の変化といった外部要因が影響することもあります。

(4)統計的仮説検定では、P値が有意水準より小さいと、検定は有意であるとされます。

## 問17　正解　(2)

解説

(1)欠損値の処理は、欠損データの削除や、補完的なデータの代入によって行います。

(2)天候や商品名のような名義尺度のデータは、あてはまる場合を1、あてはまらない場合を1として、変数に置き換えます。このような処理をカテゴリカル変数の加工といいます。

(3)異常値の処理では、あり得ない数値データを修正または除去します。

(4)ひとかたまりのデータセットだけでは情報が不足する場合、キーとなるデータで複数のデータベースを結合させます。

## 問18

複数の変量間の関係性を評価する分析手法に関する記述について、正しいものは次のうちどれですか。

(1)因果関係の分析に用いられる代表的な手法に相関分析がある。

(2)決定木分析は、カテゴライズに有効だが、予測や判別には向かない。

(3)ポジショニング・マップは縦横2つの評価軸で作成され、複数の分析対象の位置関係を表す。

(4)階層型クラスター分析とは、類似するデータをグルーピングするクラスター分析のうち、ピラミッド型に積み上げていく手法である。

解答欄

| 問18 |
| --- |
|  |

## 問18　正解 　(3)

解説

(1)因果関係の分析に用いられる代表的な手法には回帰分析があります。そもそも、因果関係は要因が結果に与える影響であって、その逆の関係ではないので、相関とは異なります。

(2)決定木分析は、カテゴライズだけでなく、予測や判別にも有効な手法です。

(3)ポジショニング・マップは縦横2つの評価軸で作成され、複数の分析対象の位置関係を表します。縦軸と横軸は異なる視点で比較するものが望ましいです。

(4)類似するデータをグルーピングするクラスター分析のうち、徐々にデータの階層を作り上げる分析手法を階層型クラスター分析といいます。

一次データと二次データに関する記述について、誤っているものは次のうちどれですか。

(1)データは、収集目的によって一次データと二次データに分類することができる。

(2)一次データは他者によって収集・公開されて入手可能になっているデータで、一方の二次データは調査目的に合わせて新たに取得されたデータのことをいう。

(3)二次データは必ずしも利用目的に合うわけではない。

(4)一次データに比べて、二次データのほうが安価に調査・分析できる傾向がある。

データ・セキュリティに関する記述について、誤っているものは次のうちどれですか。

(1)データアクセス権限を制限することで、情報漏洩の危険性を低減することができる。

(2)ネットワーク接続を制限することで、不正アクセスの可能性を低くすることができる。

(3)セキュリティソフトを導入することで、コンピュータウイルスやマルウェアを防ぎ、データの漏洩等のリスクが低減される。

(4)データをバックアップすることで、データの機密性は保たれる。

解答欄

| 問19 | 問20 |
|------|------|
|      |      |

## 問19　正解　⑵

**解説**

(1)データは、収集目的によって一次データと二次データに分類することができます。

(2)一次データと二次データの説明が逆になっています。一次データは調査目的に合わせて新たに取得されたデータで、一方の二次データは他者によって収集されたもので、その多くが入手可能になっているデータです。

(3)二次データはすでにあるデータなので、データが古く現状に合わないこともあり、必ずしも利用目的に合うわけではありません。

(4)二次データはすでに収集・公開されているデータなので、一次データに比べて安価に調査・分析できる傾向があります。

## 問20　正解　⑷

**解説**

(1)データアクセス権限を制限することで、取扱権限者が限定されるので、情報漏洩の危険性を低減することができます。

(2)ネットワーク接続を制限することで、外部からの不正アクセスの可能性を低くし、改ざんや漏洩等のリスクを低減できます。

(3)セキュリティソフトを導入することで、コンピュータウイルスやマルウェアを防ぎ、データの漏洩等のリスクが低減されます。

(4)データのバックアップをしても、不正アクセスによる漏洩の脅威に対抗はできません。ただし、データのバックアップによってデータの可用性は保たれます。

# Chapter 4

# 各種デジタル技術の概要と活用

## 1 注目されるデジタル技術のトレンド

1995年のWindows95発売以降、ネットワークの高速化やスマートフォン等情報通信機器端末の普及に伴い、デジタル技術は生活に浸透してきました（**図表54**）。いまや、電気・水道・ガス等と同じように生活インフラの一部といっても過言ではありません。

Web1.0時代にはホームページ等で情報発信が可能になりましたが、活用するにはWebの知識が必要であり、情報発信側からの一方的なものでした。

Web2.0時代からデジタル技術が急速に成長しました。クラウドサービスの登場により、情報システムは所有から利用するものに変化し、情報発信が容易になりました。GAFAM（Google、Amazon、Facebook、Apple、Microsoft）などの海外プラットフォーマーが台頭し、ビッグテックの地位を高めてきた時期にあたります。一方で、これらのプラットフォーマーに取引が集中することで、市場の独占などのリスクが顕在化してきました。

また、スマートフォンの普及やIoTのデータ収集により、インターネット上のデータ流通が急激に増え、大量データを必要とするAIも実用化フェーズに入ったのがWeb2.0時代です。

Web3.0時代に入り、ブロックチェーン技術に注目が集まってい

■図表54　デジタル技術の浸透と変遷

| | Web1.0 | Web2.0 | Web3.0 |
|---|---|---|---|
| | 1995〜2000年頃 | 2000〜2020年頃 | 2020年〜現在 |
| 通信 | 3G ━━━→ | 4G（1Gbps）━━→ | 5G（10Gbps） |
| | | ネットワーク高速・大容量化 | |
| 通信端末 | Windows95発売 | スマートフォンの普及 | |
| デジタルサービス高度化 | | クラウドサービス、SNS、IoT、ネット動画、プラットフォーマー | 生成AI、ブロックチェーン、メタバース |
| 情報の流れ | 一方通行中央集権型 | 双方向中央集権型 | 双方向分散型 |

※総務省「情報通信に関する現状報告」をもとに作成

ます。データを管理者不要の分散型で処理・記録できる点が大きな特徴の１つです。Web2.0時代での中央集権型のセキュリティリスクを解決することやインターネット上に存在するデータをシームレスにつなぐことができる技術としても期待されています。デジタルサービスでは、生成AIやメタバース（仮想空間）が今後浸透していくことが予想されています。

　日本は長期にわたるデフレと成長鈍化の影響でGDPが伸び悩んできました。また、少子高齢化や地域格差といった様々な社会問題があります。政府はAIやIoT等のデジタル技術を使ったイノベーションを期待し、新たな社会である「Society5.0」を提唱しています。Society5.0とは、サイバー空間とフィジカル（現実）空間を高度に融合させたシステムにより、経済発展と社会課題の解決を両立する人間中心の社会（Society）と定義されています。

産業分野でも、省人化・自動化・効率化などによる生産性向上だけではなく、新たな製品・サービス・ビジネスモデル等の付加価値の向上を図るDXが期待されています。

## 2 デジタル技術の進展と日常生活への影響

デジタル技術の進展は、以下①～③のように人々の生活に大きな影響を与えてきました。

### ①利便性の向上

サイバー空間の様々なサービスが現実空間の生活の利便性を高めています。IoT技術の1つであるICチップ等を使ったキャッシュレス決済が浸透しており、また外出先からスマートフォンを使って家電等を制御できるようになっています。AI技術を使ったスマートスピーカーを使って音声での制御も可能です。

### ②消費者の影響力の増大

消費者は情報を持つ賢い消費者となり、SNSやネット動画プラットフォーム等のクラウドサービスを使って手軽に情報発信して影響力を持つようになりました。あらゆる産業で、こうした消費者変化に対応しなければ企業間競争に勝てない状況になっています。

### ③価値観の変化

コロナ禍において、クラウドサービス等を使ったテレワークが増加しました。従前は勤務先に出勤するのが当然だった人も、働き方を見直すことになったのです。

# Section 2 クラウドコンピューティング

## 1 クラウドコンピューティングとは

　クラウドコンピューティングとは、データやアプリケーション等のコンピュータ資源をネットワーク経由で利用する仕組みのことです。

　クラウドコンピューティングのメリットとデメリットには、図表55のようなことがあります。

■図表55　クラウドコンピューティングのメリットとデメリット

| メリット | |
|---|---|
| 導入コストの低さと導入スピードの速さ | システムの購入は不要、利用した分だけ支払う従量課金制。比較的手軽に導入できる |
| スケールの柔軟性 | 必要に応じて拡張や縮小が可能 |
| 運用の容易さ | ハードウェアの設置・管理が不要。運用管理コストと手間を大幅に削減 |
| 事業継続性 | 堅牢なデータセンターで冗長性を持って運用。災害時でも利用可 |
| アクセスの良さ | 場所を問わずアクセスできる |
| 高度なサービスの利用 | すでに検証されている高度なサービスを利用できる |
| デメリット | |
| カスタマイズの自由度の低下 | ユーザーがシステムや機能を自由にカスタマイズしにくくなる |
| 事業者の都合による変更 | クラウドサービス事業者の都合によりサービスの変更が行われる場合もある |

## 2 クラウドサービスの分類と種類

### ①利用環境による分類

　クラウドサービスは、利用環境によってIaaS・PaaS・SaaSの3種類に分類できます。

　IaaS（Infrastructure as a Service）は、サーバーやストレージ、ネットワークなどのハードウェアのインフラストラクチャ機能を提供するサービスです。クラウド上の物理的なコンピュータを仮想化と呼ばれる技術を使って疑似的に分割することで、利用者に割り当てます。自由度が高い反面、インフラ設計やサーバー管理・運用のスキルなど、IaaSの利用を前提とした専門知識が必要となります。

　PaaS（Platform as a Service）は、開発者を対象としたサービスで、開発環境を提供します。PaaSを使うことで開発環境の設計や管理工数が削減でき、開発に集中できる点がメリットです。

　SaaS（Software as a Service）は、様々なアプリケーションをインターネット経由で提供するものです。メリットは使いたいアプリ

■図表56　利用環境別クラウドサービスの分類

ケーションを購入し、必要な設定だけ行えばよいことや、PCやスマートフォンなどの端末や場所を選ばないことが挙げられます。デメリットは、カスタマイズできる範囲が少ないことです。

　代表的なものには、AmazonのAWS、MicrosoftのAzure、GoogleのGoogle Cloud等があり、これらはIaaS・PaaS・SaaSの各レベルのサービスを持っています。

## ②利用形態による分類

　クラウドサービスは、利用環境別にパブリッククラウド・プライベートクラウド・ハイブリッドクラウドに分類できます。

　パブリッククラウドは、ハードウェアと、ネットワークからアプリケーションまですべてクラウド上で提供される形態で、一般的にインターネットを経由してだれでも利用できます。

　プライベートクラウドは、特定のユーザーが専有して利用する形態です。自社でシステムを構築するオンプレミスと比較すると、物理的なサーバーやネットワーク機器等を自社で保有しない点が異なります。機密性の高いシステムや独自性の高いシステムに向いてい

■図表57　利用形態による分類とイメージ

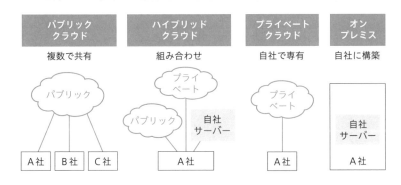

ますが、自社での運用が必要で高額になります。

　ハイブリッドクラウドは、用途に合わせてパブリッククラウドと
プライベートクラウドを使い分ける形態です。

## 3　クラウドサービスの活用領域

　そもそも生活者は、生活の利便性やコミュニケーション、娯楽の
目的で、メールやスケジュール、オンライストレージ、動画・音楽
などの配信サービス、オンラインゲーム、SNS、ナビゲーション、
ECなどを活用します。

　総務省の「令和4年通信利用動向調査報告書」によると、企業の
クラウドサービスの利用実態は、72.2%が全社あるいは一部で利用
しています。主な用途は、ファイル・データ共有、社内情報ポータ
ル、電子メール、給与・財務会計・人事サービス、スケジュール共
有、Web会議サービス、eラーニング、電子契約などです。テレ
ワークの増加に伴い、クラウドサービスの利用が活発になりました。

　最近では、高度な処理を伴うクラウドサービスも活用されていま
す。AIを実装するクラウドを利用して、データ分析やチャットボ
ット、文字起こし、需要予測などを行うのがその例です。

## 4　クラウドセキュリティとプライバシー

　クラウドセキュリティとは、クラウド環境でのリスクに対するセ
キュリティ対策をいいます。クラウド事業者とクラウド利用者の環
境やネットワーク上にリスクが存在します。主なリスクには、①情
報漏洩や②サイバー攻撃、③データ消失、④不正アクセスがあり、
クラウド事業者が様々な対策を講じています。

■図表58　クラウドサービスのリスクの所在

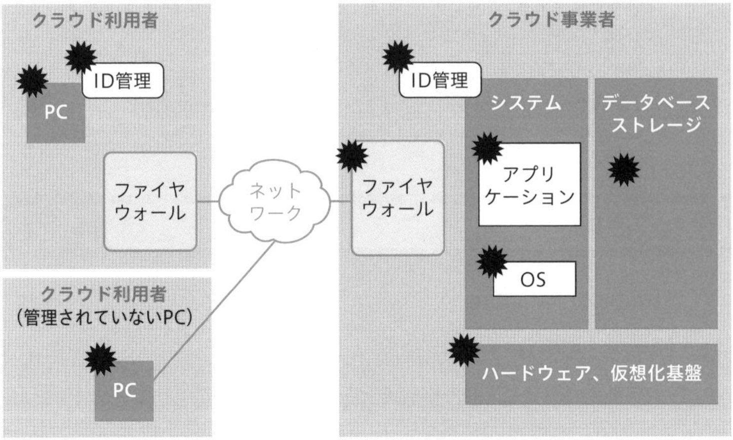

※経済産業省「クラウドサービス利用のための情報セキュリティマネジメントガイドライン」
をもとに作成

①情報漏洩対策：暗号通信による通信傍受防止、不正アクセス防止
②サイバー攻撃対策：ファイヤウォールやIDの２段階認証、ログ監視・
検知
③データ消失対策：バックアップや二重化、分散化、電源多重化
④不正アクセス対策：入退室管理やシステムへのアクセス権限管理
⑤その他の対策：運用手順の明示や教育による人的ミスの防止

　クラウドサービスの利用においても、情報漏洩対策やセキュリティ対策ソフトの導入等が必要となります。個人情報の取扱いに関しては個人情報保護法が適用され、クラウド利用時のプライバシー保護についてはサービス提供事業者のプライバシーポリシーに明記されています。クラウドサービスを保管する場所が海外の場合、法規制が異なるため、データの保管場所は国内が望ましいです。

# Section 3 IoT (Internet of Things)

## 1 IoTとは

　IoT（Internet of Things）は、一般的に「モノのインターネット」と訳されます。現実世界の様々なモノがインターネットとつながり、サイバー空間と現実空間で相互に情報交換をするシステムのことを指すことが多いです。デバイスやセンサー、ネットワーク、アプリケーション等で構成されます。

　デバイスには、家電や自動車、製造機械、監視カメラ、カード、

■図表59　IoTの仕組みのイメージ

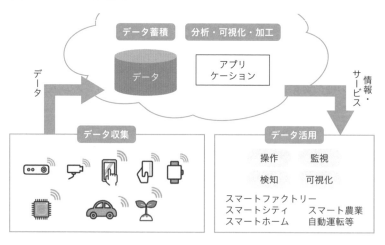

※総務省動画チャンネル「IoT入門　Web講習」をもとに作成

■図表60　センサーの種類

| センサータイプ | 収集するデータ特徴 | センサー例 |
|---|---|---|
| **物理量センサー** | 視覚・聴覚・触覚の役目 | 光センサー（距離・照度）、圧力センサー、音声センサー、加速度センサー、流量センサー、温湿度センサー、磁気センサー、電流センサー |
| **化学量センサー** | 嗅覚・味覚の役目 | バイオセンサー（ガス・血糖値・イオン）、生体センサー（味覚・脳波・脈） |

マイク等、既存のコンピュータの枠にとらわれない機器が該当します。こうした機器に、人間でいう五感（視覚・聴覚・触覚・嗅覚・味覚）のような機能を担うセンサー（**図表60**）を組み込み、データを収集します。

　収集データは、インターネットやBluetooth®、Wi-Fiなどによってサーバー等に送られます。そして、ネットワーク経由でアプリケーションに移送され、可視化・分析処理が行われます。処理されたデータは、現実世界で活用するために使われます。アプリケーションが指示を出し、デバイスを動かすこともあります。

## **2**　スマートデバイスとは

　スマートデバイス（Smart Device）には、明確な定義はありません。一般的には、情報処理機能と通信機能を搭載した電子機器で、特定の目的や機能・形状を持つ製品を指します。代表的なものに、スマートフォンやタブレット端末などがあります（次ページの**図表61**）。

■図表61　スマートデバイスの種類と特徴

| スマートデバイス種類 | 特徴 |
|---|---|
| スマートウォッチ | 時計機能を持つ腕時計型の電子機器。GPSやメール、バイタルデータの収集等多様な機能を持つ |
| スマートグラス | メガネ型情報機器。音声操作やカメラを内蔵し、レンズ部分がディスプレイになる |
| スマート家電 | インターネットに接続しスマートフォン等に連携できる家電。スマートフォン等につないで監視や操作ができる |
| スマートカード | ICチップを埋め込んだカード。クレジットカードやカード型電子マネー、IDカードなどがある |
| ドローン | 遠隔操作や自動操縦で飛ばす無人航空機 |
| スマートスピーカー | 音声操作ができる電子機器。インターネット経由で家電等を操作できる |

## 3　IoTやスマートデバイスの利用と進化

　近年、IoTやスマートデバイスの利用が増加しています。背景には、スマートフォンの普及によりインターネットにつながる環境が拡充されたことに加え、機器に内蔵するセンサーや通信モジュールが省電力化・小型化し、コストが低下してきたことがあります。

　今後、さらなる利便性向上や、効率化・コスト削減、ビジネス機会創出（消費者の隠れたニーズや、従来とは異なる利用用途、製品の改善余地など、新たな気づきからビジネス機会を創出）の可能性もあります。IoTを社会インフラとして活用するスマートシティ構想が進められており、期待が高まっています。

## 4　IoTの一般的な活用領域

　IoTとAIを結び付けたものは、様々な領域で活用されています。

■図表62　スマートカーのイメージ

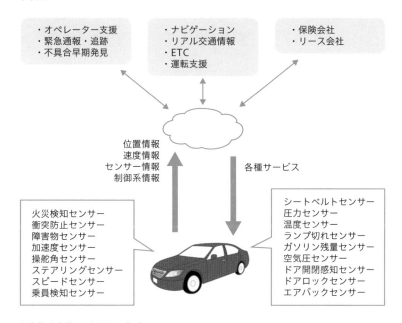

・オペレーター支援
・緊急通報・追跡
・不具合早期発見

・ナビゲーション
・リアル交通情報
・ETC
・運転支援

・保険会社
・リース会社

位置情報
速度情報
センサー情報
制御系情報

各種サービス

火災検知センサー
衝突防止センサー
障害物センサー
加速度センサー
操舵角センサー
ステアリングセンサー
スピードセンサー
乗員検知センサー

シートベルトセンサー
圧力センサー
温度センサー
ランプ切れセンサー
ガソリン残量センサー
空気圧センサー
ドア開閉感知センサー
ドアロックセンサー
エアバックセンサー

※丸文株式会社HPをもとに作成

## ①スマートカー

　車に様々なセンサーが搭載され、車そのものが情報通信端末となっています。位置情報やセンサー情報などをもとに各種サービスが提供されています（**図表62**）。

　最近では、道路や信号などのインフラとつながる自動運転技術の実証実験も行われています。

## ②HEMS

　HEMS（Home Energy Management System）は、家庭内の電気機器をつないで電力の見える化を行う仕組みで、スマートフォンからの遠隔操作も可能です。

■図表63　各産業でのIoT活用の例

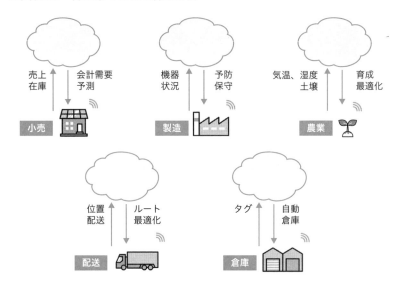

売上　会計需要
在庫　予測
小売

機器　予防
状況　保守
製造

気温、湿度　育成
土壌　　　 最適化
農業

位置　ルート
配送　最適化
配送

タグ　自動
　　　倉庫
倉庫

　HEMSは、AIやセンサーを使って電力消費を最適化します。さらに、スマートメーター（通信機能を備えた電力量計）と連携し、新たな省エネサービスの展開も期待されています。政府は、2030年までに全世帯にHEMSを設置することを目指しています。

③スマートファクトリー

　ドイツで提唱されたインダストリー4.0（第４次産業革命）の中心となる「スマートファクトリー」化が日本の製造業でも取り組まれています。工場の様々な機器にセンサーを付けてインターネット経由でデータを収集し、サイバー空間で分析・管理・制御します。

　リアルタイム監視や予測による製造プロセスの最適化、生産変動への対応、稼働停止の予防、管理工数の削減などを図ります。また、品質データや作業状況を分析し、品質の向上や作業効率の向上につ

なげています。

#### ④その他の活用方法

　各種産業界では、IoTを使って業務効率化やサービスの向上などに取り組んでいます。

　近年は、通信速度の維持やネットワーク負荷の低減を行いつつリアルタイム処理を実現する「エッジコンピューティング」の導入が進められています。エッジコンピューティングとは、例えばデータ加工・分析の一部をIoTデバイスやローカルサーバーで行い、加工データのみをクラウドに送るネットワーク技法です。

### 5　IoTにおけるセキュリティの課題

　IoTは様々な機器がネットワークでつながるため、悪意を持った者に利用されるリスクがあります。考えられるリスクとしては、サイバー攻撃や不正アクセス、マルウェア感染などによって、物理的な事故や情報漏洩、サイバー攻撃等の踏み台にされるおそれがあります。

　情報通信研究機構サイバーセキュリティ研究所の「NICTER観測レポート2022」によると、NICTER（大規模サイバー攻撃観測網）が観測した2022年のサイバー攻撃関連通信は、合計5,226億パケットあり、2015年に比べて約8.3倍に増大している状況です。

　IoTがサイバー攻撃を受ければ、現実空間での事故につながります。機器が制御不能になり、工場の操業停止や労働事故、自動車事故、医療機器の不全等が起こり、場合によっては人命に関わることになります。

　IoT機器が乗っ取られて個人情報や重要情報が流出するリスクも

あります。監視カメラやスマートスピーカーが乗っ取られれば、個人情報が盗み取られるかもしれません。

　総務省は、「IoT・5G時代のセキュリティ総合対策2020」（2020年7月公表）で、通信事業者やIoT機器事業者が講じるセキュリティ対策をまとめています。利用者の対策として、以下のような対策を挙げています。

・デバイスは初期設定のまま利用しないこと
・認証機能を導入すること
・ログを取ること
・ネットワークは目的に応じて適切なネットワークを利用すること
・暗号化すること

など

# 4 人工知能(AI)と機械学習

## 1 人工知能(AI)とは

　AI（Artificial Intelligence：人工知能）とは、一般的に「人間の思考プロセスをコンピュータに行わせる技術」と定義されます。人間は外部の情報から何らかの判断を行いますが、これをコンピュータに行わせるのです。

　対義語にNI（Nature Intelligence：自然知能）という言葉がありますが、これは人間等が自然に持つ知能を指します。

## 2 AIの歴史と発展

　AIの研究は1950年代から始まり、現在に至るまでAIブームは3回ありました。

　最初のAIブームは1960年代。コンピュータが推論や探索をできるようになり、問題に対して解を提示できるようになりました。迷路やチェスなどの簡単なゲームはできましたが、複雑な現実の問題は解けないことから下火になりました。

　第二次AIブームは1980年代です。「知識」の活用が可能になり、「推論エンジン」と「知識ベース」を持つエキスパートシステムが生み出されました。エキスパートシステムでは、あらかじめ膨大な知識データを人間の手でシステム入力する必要があり、膨大なコストと

■図表64　AIの概念

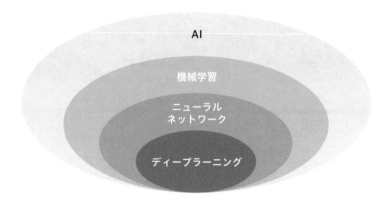

時間がかかることが難点です。また、当時コンピュータが高性能ではなく、複雑な学習に対応できなったことから下火になりました。

　第三次AIブームは2000年頃から現在まで続いています。ビッグデータと呼ばれる大量データを用いて、AIが知識を獲得する機械学習が実用化されました。機械学習の１つであるニューラルネットワークを用いて、知識を定義する要素をAI自らが習得するディープラーニング（深層学習）が実用化されたことも、このブームの背景にあります。

　AI、機械学習、ニューラルネットワーク、ディープラーニングは図表64のような関係です。

## 3　機械学習の基本概念

　機械学習はAIに内包される分析・処理技術の１つで、膨大なデータからコンピュータがルールやパターンを学習して、予測や分類など特定のタスクを実行することができます。

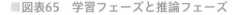
**図表65　学習フェーズと推論フェーズ**

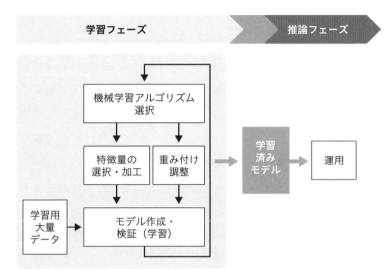

　従来の機械学習ではデータ分析のアルゴリズムを決めて、ルールやパターン（モデル）を発見するうえで、何に着目するか（特徴量）を人間が決めます。具体的には、大量のデータを読み込ませてモデルを検証し、正しい結果を出すようになるまで調整していきます。学習が済んだモデルを使って、新たなデータに対して特定のタスクを実行するのが推論フェーズです（**図表65**）。

　機械学習には、①教師あり学習、②教師なし学習、③強化学習があります。

　教師あり学習はあらかじめ正解のラベル付けをしたデータを活用してモデルを構築する方法で、教師なし学習はデータのみを与えてデータの特徴等を分析してモデルを構築する方法です。そのモデルに新たなデータを読み込ませることで、識別や予測が行えます。強

化学習はAIが自ら試行錯誤する中で、報酬を与えて最適なモデルを構築する方法です。

## 4 ディープラーニングとニュートラルネットワーク

　ディープラーニングとは、機械学習の1つであり、入力層・中間層・出力層からなるニューラルネットワークを用いるモデル構築手法です（**図表66**）。ニューラルネットワークは人間の神経細胞を参考にしており、入力データを解釈して出力するプログラムです。中間層を多層化することで、より高度で抽象的な分析ができるようになります。

　従来の機械学習は学習フェーズで人間が特徴量の設定を行いますが、ディープラーニングは特徴量をコンピュータが自ら抽出する点が異なります。学習フェーズで特徴量の設定はしませんが、正しい結果が出るまで重み付けを調整します。

■**図表66　ディープラーニングの仕組み**

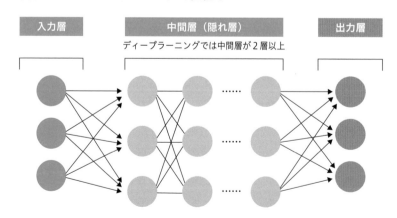

※総務省「令和元年版　情報通信白書」をもとに作成

## **5** AIの一般的な活用領域

AIには、次のような機能があります。

---
・音声認識
・画像認識
・自然言語処理
・予測
・検索
・異常検知
---

逆にAIが苦手とするのは、0から1を作り出す創造的なことや、想定外の状況に臨機応変に対応することです。

ただし近年、過去のデータから学んだ学習モデルから新たにコンテンツを作り出す生成AIが登場しました。生成AIは、ディープラーニングを使って大量のデータからルールやパターンを学習し、出力します。大規模な言語モデルを持ち、対話方式で命令を受けて、

■図表67　AIの活用例

| AIの機能 | 活用されている事例 |
|---|---|
| 音声認識 | 会議の文字起こし、スマートスピーカー（音声認識と自然言語処理）、音声による機器操作 |
| 画像認識 | 顔認識・認証（入国審査や入退室管理）、監視カメラ映像からの人物特定 |
| 自然言語処理 | 翻訳、ChatGPT等の生成AIによる文章作成 |
| 予測 | インフルエンザ予報、需要予測、株価予測 |
| 検索 | 検索の最適化、レコメンドサービス |
| 異常検知 | 工場・機器・車の制御、ウイルス検知、スパム検知 |

様々なコンテンツ（テキストや画像、音声、音楽、動画、プログラム）を生成します。

　文章の要約や、Webサイトでの自動応答（チャットボット等）、Webサイト画像の作成、会議の議事録作成など、業務での活用が進んでいます。しかし一方で、学習させた映像や画像から特徴をつかんで新たな画像を作成するため、学習データによっては著作権侵害の可能性もある点に注意が必要です。

　また、Section 3でも紹介したように、AIとIoTを結び付けて利用されることも増えています。例えば、IoTによって収集されたデータをAIで処理することにより、人間が介在することなく予測や検知、最適化を行います。

　将来的には、AI技術によって業務効率化だけでなく、多くの人間の仕事を代替する可能性もあるといわれています。

## 1 ブロックチェーンの基本概念

　ブロックチェーンは、ネットワーク上で発生した取引データを一定期間ごとに「ブロック」という単位で記録し保存するデータベースです。図表68のように、個々のブロックは時系列に鎖（チェーン）でつながったような構造になっており、各ブロックには取引データとともに1つ前のブロック情報（ハッシュ値）が入っています。

　ハッシュ値はハッシュ関数によって出力され、元となる情報が少しでも変われば全く異なるハッシュ値になります。過去に生成されたブロックの内容を改ざんしようとすると、後続のブロックもすべて改ざんする必要があるため、改ざんが難しいとされています。

　また、ブロックチェーンでは、P2P（Peer To Peer）ネットワー

■図表68　ブロックチェーンの構造

| 1つ前のブロック情報<br>（ハッシュ値） | 1つ前のブロック情報<br>（ハッシュ値） | 1つ前のブロック情報<br>（ハッシュ値） |
|---|---|---|
| 取引データ | 取引データ | 取引データ |
| 取引データ | 取引データ | 取引データ |
| ： | ： | ： |
| 取引データ | 取引データ | 取引データ |

■図表69　分散型システムのブロックチェーン

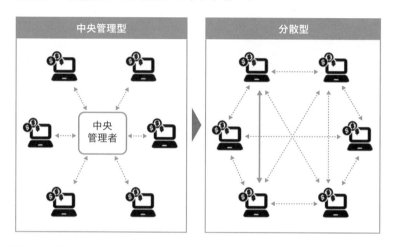

（出所）総務省（2020）「ブロックチェーン技術の活用状況の現状に関する調査研究」

クにある複数の端末（ノード）が取引履歴の同期を取りながら各々
保有します。こうした管理手法から「分散型台帳」とも呼ばれ、取
引の正当性が担保されるのです（**図表69**）。中央集権型システムで
は特定の管理者を必要としますが、分散型システムの場合は管理者
不在です。

　ブロックチェーンでは、新たなブロックを書き込む際に解読が難
しい暗号計算値が必要になります。この暗号計算値を求めることを
マイニングといいます。マイニングには、大量のコンピュータ資源
が必要です。ブロックチェーンを活用した暗号資産取引では、必要
な計算であるマイニングをしてくれた人に報酬を支払う仕組みにな
っています。

## 2　暗号資産の仕組み

　暗号資産は仮想通貨ともいい、インターネット上で使える通貨です。実体は分散型台帳に記録された取引記録ですが、ブロックチェーンの「改ざんが難しい」「なりすましが困難」という信頼性の高さが、（仮想）通貨としての流通を可能としています。

　我が国では、金融庁・財務局に登録された交換所や取引所と呼ばれる事業者を通じて、暗号資産は法定通貨と交換できます。

　代表的な暗号資産には、ビットコインやイーサ、リップル等があります。

　ビットコインは時価総額が最も高く、代表的な暗号資産です。稀少価値を持たせるために発行上限が決められています。マイニングの報酬の半減期（報酬が半分になるタイミング）を設けることで調整しています。

　イーサは開発プラットフォーム（イーサリアム）上で使用される暗号資産で、ビットコインに次いで抜群の人気を誇ります。ビットコインのような発行上限や半減期を持ちません。イーサリアムはだれでも無料で使用でき、様々なスマートコントラクト（契約の自動化）を行うことができます。このことから幅広い活用が期待され、大企業にサポートされており、信頼が厚い通貨といえます。

　リップルはリップル社が管理・運営する暗号資産です。ビットコインやイーサリアムと異なりブロックチェーン技術ではなく、専用の分散型システムを使っています。もともと、分散型台帳を使って国際送金を速く安く行うブリッジ通貨として作られ、現在は多くの銀行と提携しています。発行上限である1,000億枚はすでに発行済

みで、多くをリップル社が保有しています。

暗号資産の種類は現在1万1,000種を超えています。多くの人々がイーサリアムのプラットフォームを活用している状況です。

## 3 ブロックチェーンの活用領域

ブロックチェーンの分散型台帳・スマートコントラクト機能は、様々な場面で活用されています。

### ①国際送金

銀行等を通じた国際送金は、一般的に中継銀行が介在してSWIFT経由で送金情報をやりとりしています。このため、手数料が高く、決済スピードが遅いという課題があります（**図表70**）。

一方、リップル決済ネットワークに代表される分散型台帳を使った国際送金は、即時決済が可能です。仕向銀行・中継銀行・被仕向銀行を通じたやりとりはないので、手数料が安くあがります。

近年、SWIFTでもブロックチェーンを使った国際送金の実証実

■**図表70 ブロックチェーンを使った国際送金のイメージ**

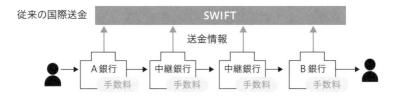

験を行っており、今後、手間やコストが少ない国際送金の実現が期待されています。

### ②取引の自動化・トレーサビリティ

複数企業間でのサプライチェーンにおける製品や農作物等の取引の自動化、トレーサビリティに活用されています。例えば、貿易業務ではサプライチェーンの参加者が多く、その中で書類のやりとりが多く発生します。こうした一連の手続きをデジタル化して連携する取組みが行われています。

### ③資金調達（STO、ICO）

ビットコインやイーサリアム等の分散型金融システムを目的としたDeFi（Decentralized Finance）トークンに対して、デジタル有価証券の発行を目的とするトークンをセキュリティトークン（ST）といいます。STを利用した資金調達をSTO（Security Token Offering）といい、資産（不動産や株式等）を証券化しトークンを発行することで資金調達が可能になります。法的には「電子移転有価証券表示権利等」として金融商品取引法の規制対象となります。

一方、トークンセールとも呼ばれるICO（Initial Coin Offering）は、新規で独自の暗号資産を発行・公開・売却し、投資家から事業資金として既存の暗号資産を調達します。調達した既存暗号資産は取引所等で法定通貨に交換します。ここでいう独自の暗号資産を受け取った投資家は、投資先が展開するサービスの提供を受けることができたり、独自暗号資産の価値が上がることで投資収益を得られたりします。

### ④NFTによる権利証明

NFT（Non-Fungible Token）は非代替性トークンといわれ、複

製できないものです。コンテンツ制作者がNFTを作りブロックチェーン上に書き込むことにより、制作したコンテンツがオリジナルかコピーかが判別できる鑑定書・所有権証明書の役割を果たします。NFTを使うことにより、オリジナルコンテンツの売買や二次流通が可能になります。

## 4 ブロックチェーンのセキュリティ

ブロックチェーンは高度なセキュリティ対策がなされた仕組みです（図表71）。

一般的に安全といわれていますが、過去には「正規のチェーンより長いチェーンが正しい取引記録であると認識する」ルールを悪用して、取引内容が不正に書き換えられた事例があります。また、取引者の秘密鍵（暗号化された通信を復号化するために使うキー）を盗み出すフィッシングなどによって不正な取引データが作られるリスクがあります。

ユーザーには基本的なセキュリティ対策、特に電子署名の秘密鍵を盗まれないための対策が必要です。電子署名に複数の秘密鍵を用

■図表71　ブロックチェーンのセキュリティ

| セキュリティ | 概要 |
|---|---|
| 可用性 | 複数のノードに同じデータを保持しているため、常に稼働する1つのサーバーが停止しても稼働 |
| 信頼性 | データ改ざんが難しい。改ざんされてもすぐ検知し、近隣ノードからデータを取り寄せて自動修復する |
| 正当性 | 秘密鍵と公開鍵の鍵ペアを使った電子署名により、本人によって作成され、作成後に改ざんされていないことを保証 |
| 透明性 | ブロックの内容はだれでも見られる |

■図表72　公開鍵や秘密鍵によるセキュリティの仕組み

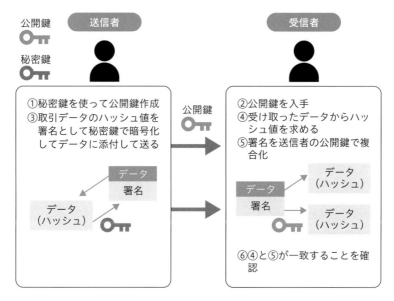

※大和総研フロンティア研究開発センター著『図解まるわかりNFTのしくみ』(翔泳社)の59ページをもとに作成

いるマルチシグを使う(**図表72**)、通貨をコールドウォレット(インターネットにつながっていないウォレット)に保管する、通信を暗号化するSSLや2段階認証でなりすましを防ぐといった対策があります。

# Section

## 6

# AR（拡張現実）と
# VR（仮想現実）

## 1 ARとVRの技術的な違い

　AR（拡張現実）とVR（仮想現実）は、いずれも現実世界と仮想世界を融合させる技術です。CGによって作り出された映像などを、現実かのように体験させてくれます。両者を合わせたMR（複合現実：Mixed Realityの略）や、AR・VR・MRを包括して呼ぶXR（Extended RealityまたはCross Reality）も同様の技術です。

　ARは、Augmented Reality（オーグメンテッド・リアリティ）の略称です。実際の風景やあらか

■図表73　VRゴーグルと
　　　　　コントローラーの例

※Meta社の機器を参考にして作成

じめ登録しておいたマーカーを目印にCG映像を重ねて表示し、目の前の現実空間を仮想的に拡張します。例えばアメリカのナイアンティック社と株式会社ポケモンが共同開発した著名なスマートフォン向けゲーム「Pokémon GO」では、カメラを通して画面に映し出された街の風景に、キャラクターのCG映像を重ねて表示することで、ポケモンのキャラクターがゲ

ームの世界から飛び出てきたかのような体験ができます。

　一方、VRはVirtual Reality（バーチャル・リアリティ）の略称です。CGによって作り出された仮想空間から提供される視覚などの情報を、現実かのように体験させる技術です。基本的にはVRゴーグルと呼ばれるヘッドマウントディスプレイ（**図表73**）を着用し、そこに表示される映像によって没入感が得られます。

## 2　ARやVRのハードウェアとソフトウェア

　ARが必要とするハードウェアは、現実の風景やマーカーを捉えるためのレンズやセンサーです。また、重ねたCG映像を表示するディスプレイも必要となります。この読み取りから表示までの間に、画像を認識したり、CGを表示したり、動く現実側に追従したりするソフトウェアが使用されます。

　スマートフォンは、これらの条件を兼ね備えています。このため、スマートフォンの使用を前提としたARのサービスが非常に多く展開されています。その他にも、メガネのレンズをディスプレイとするARグラス（スマートグラス）も販売されています。

### VRゴーグルやコントローラーを使用

　VRはハードウェアとして、前述のとおりVRゴーグルを使用します。また、仮想空間に手の動きなどを伝えるため、コントローラーも必要です（図表73）。ゴーグル内に繰り広げられる仮想空間は、事前にCG映像で作り込んでおく必要があります。ゴーグルを装着している頭やコントローラーを持つ手を動かすと、その動きを検出するセンサーによる情報が仮想空間に反映され、連動して映像が変

わります。まだ一般的ではありませんが、グローブ型のコントローラーも開発されており、指の動きを検知する技術や感覚をハードウェア側にフィードバックする技術の高度化で、仮想空間の物をつかめる経験もできるようになっています。

## 3 インタラクティブな体験の設計

ARやVRを活用する意義は、従来よりも情報量の多いインタラクティブな（双方向の）体験ができることです。ARの場合はカメラの向きやスマートフォンへの入力を通じて、VRの場合はゴーグルの向きやコントローラーへの入力によって、相対している映像等にリアクションさせることが可能であり、従前より印象に残る経験ができるようになります。

### ブラウザから体験できるゲームの提供も

スマートフォンでもARコンテンツを利用できるため、ARはB to C向けの活用が多いといえます。専用のアプリケーションをダウンロードすれば、よりインタラクティブな体験ができますが、体験へのハードルを下げる設計を行うことも重要です。例えば、ブラウザから体験できるゲームなどの簡易なコンテンツを提供することで、ブランドへの愛着を高めることが考えられます。

VRでは、仮想空間のコンテンツ量を増やし、解像度を高めて、没入感を高めることがよりリッチな体験につながります。双方向性が強まるほど情報量が増加するため、今後の通信環境の発展にも左右されるでしょう。

## **4**　ARやVRの一般的な活用領域

　ARやVRの活用シーンを考えると、エンターテイメント業界が真っ先に浮かぶと思います。しかし、実際はそれ以外にも様々な分野で活用が進んでいます。

　ARのBtoC向けの活用については、例えば購買意欲を高める効果も見込み、自宅に仮想的に家具を置いたり、顔に化粧品使用時の色味を乗せたりして実際に購入した場合のイメージを表示することが可能です。

　また、行政も観光や防災の面でARの活用を進めています。城址にスマートフォンを向けるとありし日の城郭が浮かび上がったり、ハザードマップを重ね合わせて水深を示して防災意識を高めたりする例（図表74）が挙げられます。

　VRは教育・訓練分野における活用が進んでいます。例えば、危険が伴う災害や工事の現場を仮想空間で再現して訓練を行えば、安全を確保しながら体験が得られます。また、医療分野では内臓の仮想空間を作成することで、症例数が少なく練習の機会が少ない手術を訓練することが可能です。映像だけでイメージを膨らませるよりも、VRで訓練したほうが習熟度が高まるという研究結果もあり、様々な分野への活用が期待されます。

■図表74　AR活用の例

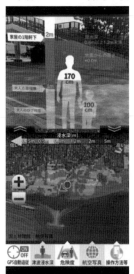

（出所）神奈川県茅ヶ崎市HP

# Section 7 ビッグデータと分析

## 1 ビッグデータの特徴と挑戦

　ビッグデータとは、日々生成される多種多様なデータ群のことです。2010年代の初頭から注目されており、総務省は2017年がビッグデータ利活用元年であるとしています。明確な定義はありませんが、全体を把握することが困難なほどの巨大なデータのうち、一般に図表75の「３つのＶ」を持つ特徴があるといわれています。

　ビッグデータを利活用することで、それまで想定し得なかった新たな課題解決のためのソリューションが実現されたり、異なる領域にいたプレーヤーが連携したイノベーションを実現したりすることが期待されています。

■図表75　ビッグデータの３つのＶ

| Volume | 量 | 数テラバイトから数ペタバイトといった、膨大な容量を持つ。１テラバイトは1,000ギガバイト、１ペタバイトは1,000テラバイト＝100万ギガバイト |
|---|---|---|
| Variety | 種類 | 列と行によって表現される「構造化データ」に加え、テキストや音声、画像、動画、位置情報など規則性を持たない「非構造化データ」など、多様な種類がある |
| Velocity | 速度 | データが発生する速度や頻度が高い。これに対応できるスピードで処理することが求められる |

■図表76　ビッグデータの分類と特徴

| 分類 | | データの主体 | 特徴 |
|---|---|---|---|
| オープンデータ | | 国、地方公共団体 | 公共情報。近年、利活用のために積極的に公開を進めている |
| 産業データ | 知のデジタル化 | 企業 | 様々なノウハウをデータとして捉えたもの |
| | M2Mデータ | | 接続された機械同士の通信に使用されるデータ（M2M = Machine to Machine） |
| パーソナルデータ | | 個人 | 個人情報が含まれるため、利活用の際には匿名加工情報として、特定の個人を識別できないようにする |

※総務省「平成29年版　情報通信白書」をもとに作成

## 2　ビッグデータの収集方法

　ビッグデータは、オープンデータ・産業データ・パーソナルデータの3つに大きく分類され、図表76のような特徴を持ちます。このようなデータが収集できるようになった背景には、デジタルデータ量の爆発的な増加とインターネットの発展があります。スマートフォンやIoTの普及によって大量にデータが生まれるようになり、インターネットによって集めることが可能になりました。クラウドサービスなどを活用したデータの分散管理技術が確立したことで蓄積できるようになったことも一因です。

### データマーケットプレイスも登場

　収集されるビッグデータとしては、次ページの図表77のようなものが想定されます。利活用を行う企業等が直接的に収集を行うほ

■図表77　ビッグデータの分類と特徴

| | |
|---|---|
| ソーシャルメディアデータ | ソーシャルメディアにおいて書き込まれるコメントなどのテキストや画像など |
| マルチメディアデータ | 配信サイトなどで共有される音声や動画など |
| ウェブサイトデータ | ECサイトの購入履歴やブログなど |
| カスタマーデータ | 顧客管理システムなどにおける販促データや会員データなど |
| センサーデータ | IoTデバイスのセンサーなどから得られる加速度や温度のデータ、GPSの位置情報など |
| オフィスデータ | オフィスのPC等で作成されるオフィス文書やメールなど |
| ログデータ | Webサーバーなどで自動的に生成されるアクセスログやエラーログなど |
| オペレーションデータ | 販売管理などの業務システムで生成されるPOSデータや取引明細データなど |

※総務省のビッグデータの活用に関するアドホックグループ「ビッグデータの活用に関するアドホックグループの検討状況」をもとに作成

か、データの提供者と利用者がデータの交換や売買を行う場を提供したり、データ提供者によって公開された情報を仲介事業者が集約・加工し統合的に利用者へ提供したりする、データマーケットプレイスも登場しています。

## 3　ビッグデータの解析手法とツール

　ビッグデータを解析するには、まず利活用の目的を設定する必要があります。目的に応じて設定される分析課題や、収集すべきデータが異なるからです。目的が設定されたら、データを集め整える必要があります。この前処理にあたる作業をデータクレンジングとい

います。品質の悪いデータを解析しても、誤った結論が導かれる可能性があるため、データ解析において最も重要な工程です。

　クレンジングされたデータを用いて解析へと移ります。昨今ではAIを活用したビッグデータ解析が盛んに行われています。そもそもAIが高い精度で判断を行うためには、大量のデータによる学習が必要です。学習の過程で、ビッグデータを解析し必要な情報を抽出します。

## 4　ビッグデータの一般的な活用領域

　ビッグデータが利活用できるようになると、現状把握が正確に行えるようになり、将来予測の精度が高まります。我が国では、昔からKKD（勘・経験・度胸）が意思決定の根拠とされてきたところがありますが、データに基づいて意思決定ができれば効率化やイノベーションに寄与することは間違いありません。

### データの分析に従ったら売上が増加

　ビッグデータはすでに様々な分野で活用されています。例えば、飲料メーカーであるダイドードリンコでは、自動販売機の商品配列を決定する際に、消費者がどこを見て商品を認識しているかを示すアイトラッキングを活用しました。従来、飲料業界では左上からZ字型に視線が動くため、左上に人気商品を配列するのが良いとされてきましたが、「非構造化データ」の分析に従って左下に売れ筋商品を配置したところ売上が増加したそうです。

　このように、業界の常識を打ち破るような意思決定も、ビッグデータに基づいていれば確信を持って行うことができます。

# Section 8 ⑧ 3Dプリンティング

## 1 3Dプリンティングの原理

　3Dプリンティングとは、3D CADや3D CGなどにより作成された3次元的なデータで構成されるデジタルモデルをもとに、3Dプリンターを使用して、実際の立体物を作り出す技術のことです。一般的には、プリンターから原材料の薄い層を次々と印刷し、積み重ねていく技法が採られます。これを積層造形法といい、「AM技術（additive manufacturing）＝付加製造方法」と呼ばれます。

　3Dプリンター自体は1980年代に開発・実用化されていました。個人向け製品の低価格化と普及は2010年代からです。同時期に産業界での利用も急拡大しました。

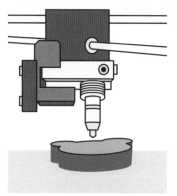

■図表78
3Dプリンティングのイメージ

　3Dプリンティングは射出成形や切削加工と比較されることの多い技術です。射出成形は金型が必要ですが、3Dプリンティングは3次元データさえあれば造形が可能です。このため、試作品や個々の状況に合わせて形状を変更するような製品の製造に向いています。また、切削加工では削り出せなか

■図表79　3Dプリンティングの造形方式と材料

| 造形方式 | 概要 | 代表的な材料 |
| --- | --- | --- |
| シート積層 | シート状の材料を層ごとに切断しながら積み重ねていく方式 | 紙、樹脂、金属 |
| 液槽光重合 | タンクに溜めた液体状の材料のうち必要な部分にレーザーなどを当てて固める方式 | 光硬化性樹脂、セラミック |
| 材料押出（熱溶解積層法） | 加熱して溶かした樹脂をノズルから押し出し積層させる方式 | 熱可塑性樹脂 |
| 結合剤噴射 | 粉末状の材料に向かって結合剤をノズルから噴射して、材料を結合させる方式 | 樹脂、金属、砂、石膏、セラミック |
| 材料噴射 | 液体の材料をノズルから噴射して、堆積させて造形する方式 | 光硬化性樹脂、ワックス |
| 粉末床溶融結合 | 粉末状の材料に向かってレーザーなどを当てて、材料を結合させる方式 | 金属、樹脂、セラミック |
| 指向性エネルギー堆積 | 材料を供給しながら熱エネルギーで溶かし、堆積させる方式 | 金属 |

った複雑な中空形状が造形できたり、加工の都合で後から接合する必要があったものを最初から一体化した状態で造形できたりと、制限が少ないことも特徴です。

## 2　利用可能な材料と技術

　3Dプリンティングは積層する材料によって、造形方式が異なります。図表79のように7つに分類されています。それぞれの方式ごとに扱える材料や造形物の精度が異なりますので、目的に応じて適切な3Dプリンターを選択することが必要です。なお、個人向けも含め、材料押出方式が最も多く使用されています。

　非常に有用な3Dプリンティングですが、従来の加工方法と比較すると限界もあります。このため、相性のいい目的を設定しないと、課題が強調されることになります。

　大きな課題としてよく挙げられるのは造形時間の長さです。造形方式やサイズにもよりますが、1つの造形物の完成までに数時間から数十時間が必要です。このため、仮に大量生産を目的とした場合、「製造スピードが遅すぎて、射出成形と比較すると全く役に立たない」ということが起こります。

## 材料の選択肢が少ないことも課題

　造形できるサイズに限界があることも課題として挙げられます。大型の部品を造形するのに接合が必要ということになれば、3Dプリンティングのメリットが1つ失われてしまいます。また、材料の選択肢が樹脂や金属、セラミックなどと少ないことも課題です。

　一方で、従来の技術では扱えなかった、生体材料や細胞を含んだバイオインクを用いて立体的な生体組織や臓器を作り出すバイオ3Dプリンターも本格的な実用化の手前まできています。

　以上から、3Dプリンティングをどのようなシーンで活用するか、材料の特性が適切かなどを見極めることが重要ということが分かります。

## 4　3Dプリンティングの一般的な活用領域

　3Dプリンティングは製造業を中心に、幅広い分野で普及してい

ます。特に、３次元データさえあれば１個から製造できるという利点は、活用されるシーンを想像しやすいでしょう。例えば、試作部品の製作ではデザインの検討・機能の検証がしやすいほか、プレゼンテーション用の模型を作成して手に取って見てもらえます。

　また、パーソナライズができるという点も活用において重要です。医療分野では義手や歯科技工物に活用されています。ホビー分野では自身や家族、ペットの３次元データから、オリジナルフィギュアを製造するというサービスが展開されています。製造業でも、特殊な加工を実現するため一時的に使用する治工具を製造する場合や、廃盤になった部品を製造して機械の延命を行う場合などで使われています。

## トライアンドエラーの回数を増やせる

　3Dプリンティングは、小規模な事業者がビジネスを立ち上げるハードルを下げることに貢献しています。製造に時間がかかり単価が割高という点は一見ネガティブに思えますが、金型を製造するほど需要が見込めず、製品化が困難と思われていたアイデアを具現化できるという点は魅力的です。小さく事業を開始し、トライアンドエラーの回数を増やせるという大きなメリットに変わります。

　直近では、建築用3Dプリンターを使用した3Dプリンター住宅が話題になりました。前述したバイオ3Dプリンターも含め、3Dプリンティングの活用は今後ますます広がりそうです。

# Section 9 モバイル技術とアプリケーション

## 1 スマートフォンの歴史と進化

　我が国のスマートフォンの歴史は、2008年にAppleの「iPhone 3G」がソフトバンクモバイル（現ソフトバンク）から発売され、幕を開けました。翌年にNTTドコモがAndroidを搭載したスマートフォンを発売し、国内での普及が進んでいきます。こうした歴史的位置づけを正確に理解するため、少し遡りましょう。

　携帯電話を最初にスマートフォンと呼んだのは、1996年にフィンランドのNokiaが発売した「Nokia 9000 Communicator」とされています。一方、その頃の日本の携帯電話は、Webページの閲覧ができる世界初の携帯電話IP接続サービスであるNTTドコモの「i-mode」（1999年サービス開始）をはじめ、フィーチャーフォンにおいて独自の進化を遂げていました（後のスマホ時代に、この独自性を捉えてガラパゴス携帯＝ガラケーと呼ばれる）。

### ハード面と通信面の進化の歴史とリンクする

　iPhone発売当初も、絵文字が使えないなどの理由から、すぐに乗り換えが進んだわけではありません。それでも2010年代以降、スマートフォンは急速に広がりを見せ、2015年にはついに2人に1人がスマートフォンを持つようになりました。

■図表80　スマートフォンの変遷

NOKIA
9000
Communicator

iモード
(F501i)

iPhoneと
Android

　スマートフォンの進化の歴史はハード面と通信面の進化の歴史と
リンクします。内蔵される半導体やセンサー、液晶ディスプレイは
世界的普及により量産効果が生まれ、スマートフォンを加速度的に
高機能化させていきました。処理能力や表現能力が向上したことで、
必要とされる通信量も増大していきました。2015年にLTE、2020
年に5Gと呼ばれる高速大容量の情報通信サービスが提供されたこ
とで、当初はテキストと画像が中心でしたが、動画中心に移行して
います。

## 2　モバイルOSとその特徴

　モバイルOSとは、スマートフォンを含むモバイル機器に搭載さ
れる、機器の管理や制御のための「基本ソフト＝OS（オペレーテ
ィングシステム）」のことです。パソコンにおけるWindowsという

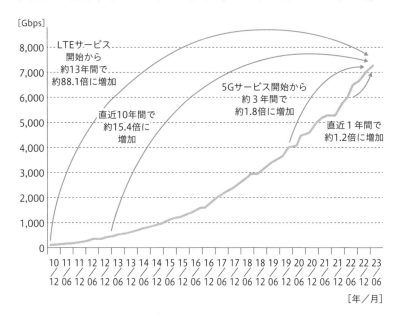

■図表81　月間平均トラヒックの推移（2010年12月〜2023年6月）

[Gbps]

LTEサービス
開始から
約13年間で
約88.1倍に増加

直近10年間で
約15.4倍に
増加

5Gサービス開始から
約3年間で
約1.8倍に増加

直近1年間で
約1.2倍に増加

[年／月]

※総務省「移動通信トラヒックの現状」（2023年6月）をもとに作成

と分かりやすいかもしれません。

　市場シェアは、Appleが開発したiPhone向けのiOSとGoogleが開
発したAndroidに二分されています。過去にはWindowsブランドの
モバイル向けOSが開発され、NTTドコモなどが「第三のOS」を開
発しようとしましたが、普及せずに終わっています。日本において
はiOSのシェアが6〜7割、Androidが3〜4割ですが、世界にお
いては割合が逆転しAndroidのほうが多い状況です（図表82）。こ
のことから日本人はiPhone好きといわれています。

　AndroidとiOSの特徴について誤解を恐れずにいえば、Androidは
広く開かれたOS、iOSはAppleに管理されたOSです。Androidはオ

■図表82　日本とグローバルのスマホOSシェア比較（2023年8月時点）

| | iOS（iPhone） | Android | その他 |
|---|---|---|---|
| **日本** | 69.3% | 30.6% | 0.2% |
| **グローバル** | 28.5% | 70.8% | 0.7% |

（出所）Statcounter Global Stats（https://gs.statcounter.com/）、SIFT ASIS
　　　Blog「【2023年8月】日本とグローバルのスマホOSシェア」
　　　（https://shiftasia.com/ja/column/2023）
※その他のOSは、iOS・Androidと比較してシェアが小さいため、まとめている

ープンソースソフトウェアであり、各開発者が独自のカスタマイズ
をすることが可能です。現にAndroidを搭載したスマートフォンは
各社から発売されていますが、iOSはiPhoneのみです。Androidは
こうした特徴からスマートフォンに限らず、一部の冷蔵庫や自動車
などにも搭載されています。

　一方、iOSはiPhoneのためのOSです。Appleの洗練された価値観
でソフトとハードがきれいに統合されており、最適化され使いやす
いといわれています。その代わり自由度が低く、良くも悪くも
Appleの想定する範囲内でしか使えません。

## 3　アプリケーションの設計と開発

　スマートフォンはWebブラウザによっても情報を取得すること
ができますが、利用時間の大半をアプリケーションが占めている
という調査結果が出ています（次ページの図表83）。このため、ス
マートフォン向けアプリの開発に対する重要度は高いといえるでしょ
う。

　アプリを開発するにあたっては、まず前述したようなOSの違い

■図表83　スマートフォン利用時間
　　　　シェア

■アプリケーション
■Webブラウザ

2019年12月

8%

3時間
46分

92%

Source：ニールセン モバイルネット
　　　　ビュー　ブラウザとアプリ
　　　　からの利用
※18歳以上の男女
※アプリおよびブラウザからの利用時
　間は、カテゴリーベースの利用時間
　を使用

（出所）ニールセンデジタル「若年層を中心にアプ
　　　　リの利用が拡大〜ニールセン スマートフォ
　　　　ンのアプリ利用状況を発表〜（2020／3
　　　　／24）」

に留意する必要があります。それぞれ開発言語や環境が異なり、両方に対応しようとすると、費用も増加します。

　またアプリは基本的にはアプリストア経由で公開することになりますが、Android向けはストアであるGoogle Playを経ずともアプリの配布が可能であるのに対し、iOS向けでは必ずApp Storeから配布する必要があります。

　想定するユーザーのOSのシェアや、目的に応じて、どちらかのOSに限るとい

う選択肢もあり得ます。

　設計にあたって意識したいのは、スマートフォンというデバイスの特性です。スマホアプリはプッシュ通知機能によって、画面上にお知らせを表示させることができます。アプリ側（事業者側）から能動的にコミュニケーションが取れることにより、ユーザーの囲い込みが可能です。また、カメラの使用により画像を読み込ませたり、位置情報を取得したりすることも可能です。

　開発コストは増加しますが、Webページだけでは実現できない

スマートフォンならではの機能を盛り込むことも、アプリの満足度を高めることにつながります。

## 4　モバイル上のアプリの一般的な活用領域

　モバイル上のアプリを活用していることで真っ先に思い浮かぶのは、小売業者や外食事業者ではないでしょうか。O2O（Online to Offline）と呼ばれる、オンライン上のコミュニケーションを通じて、オフライン（店舗）へ送客することに取り組んでいます。プッシュ通知によってクーポンを配信したり、来店時にポイントがためられるバーコードをアプリに表示させたり、オンライン上で注文と決済を行って受取りを店舗でできるようにしたりと、アプリを通じて様々な連携を行っています。

### 業務アプリを使って現場で直接入力

　BtoBの業種では業務アプリを活用しています。紙に記録して、管理部門がパソコンでデータに打ち直していた作業を、アプリを通じて現場で直接入力することで、業務効率化が図れます。カメラを活用し、現場の様子を撮影してアップロードすることも想定されます。他にも分厚い紙の冊子だったマニュアルを手元で常時参照できたり、動画を表示したりするなど、教育訓練への活用も可能です。

　DXというと忌避感があるケースもありますが、アプリやスマートフォンならば多くの人が慣れ親しんでおり、導入のハードルを下げる効果もありそうです。

## 問21

デジタル技術の生活への浸透と影響に関する記述について、正しいものは次のうちどれですか。

(1)流通の高速化やサプライチェーンの複雑化に伴い、デジタル技術は生活に浸透してきた。

(2)クラウドサービスの登場により、情報システムは利用するものから所有するものに変化した。

(3)Web3.0時代に、ブロックチェーン技術が広く使われ、データの処理・記録が管理者不在の分散型になった。

(4)デジタル技術の進展は、消費者の生活に影響を与えなかった。

## 問22

クラウドコンピューティングに関する記述について、正しいものは次のうちどれですか。

(1)クラウドの導入には、コストや専門人員が多く必要になる。

(2)IaaSは自由度が低く、インフラ設計や管理スキルが必要になる。

(3)プライベートクラウドは、不特定多数のユーザーが保有・利用する形態である。

(4)クラウド環境での主なリスクには、「情報漏洩」「サイバー攻撃」「データ消失」「不正アクセス」がある。

解答欄

| 問21 | 問22 |
|------|------|
|      |      |

# 解答・解説

## 問21　正解　(3)

**解説**

(1)デジタル技術の浸透は、流通の高速化やサプライチェーンの複雑化というよりは、ネットワークの高速化やスマートフォン等情報通信機器端末の普及に伴って進んだといえます。

(2)クラウドサービスの登場により、情報システムは所有するものから利用するものに変化しました。

(4)デジタル技術の浸透によって、消費者の生活は変わってきました。消費者は情報を持つ賢い消費者となって、SNSやネット動画プラットフォーム等のクラウドサービスを使って手軽に情報発信して影響力を持つようになったのです。

## 問22　正解　(4)

**解説**

(1)クラウドコンピューティングを活用する場合、ハードウェアの設置・管理が不要です。運用管理コストと手間を大幅に削減できます。

(2)IaaSは、自由度が高い反面、インフラ設計やサーバー管理・運用のスキルなどの専門知識が必要になります。

(3)プライベートクラウドは、特定のユーザーが専有して利用する形態です。

IoTやスマートデバイスに関する記述について、誤っているものは次のうちどれですか。

(1)IoTとは一般的に、現実世界の様々なモノをインターネットとつなげ、情報交換するシステムのことをいう。

(2)スマートデバイスは一般的に、センサー機能とプリント機能を搭載した電子機器で、様々な目的や成果を生む製品を指す。

(3)IoTでは、機器に組み込まれたセンサーによりデータが収集される。

(4)HEMSは、家庭内の電気機器をつないで電力の見える化を行う仕組みである。

解答欄

| 問23 |
| --- |
|  |

## 問23　正解　　(2)

解説

(1)IoTとは一般的に、現実世界の様々なモノをインターネットと
つなげ、サイバー空間と現実空間で相互に情報交換するシステ
ムのことをいいます。

(2)スマートデバイスは一般的に、情報処理能力と通信機能を搭載
した電子機器で、特定の目的や特化した機能・形状を持つ製品
を指します。

(3)IoTでは、機器に組み込まれたセンサーによりデータが収集さ
れます。蓄積されたデータは、アプリケーションで可視化・分
析処理されたうえで、デバイスを動かすことなどに活用されま
す。

(4)HEMSは、家庭内の電気機器をつないで電力の見える化を行う
仕組みです。

人工知能（AI）と機械学習に関する記述について、誤っているものは次のうちどれですか。

(1)機械学習は、AIに内包される分析・処理技術の1つで、膨大なデータからルールやパターンを学習して、予測や分類を行う。

(2)ニューラルネットワークは、中心から放射状に派生した組織構造を持つ。

(3)生成AIは、大量のデータからルールやパターンを学習し、出力する。

(4)深層学習（ディープラーニング）は、画像認識や自然言語処理の分野で顕著な成果を上げている。

解答欄

| 問24 |
| --- |
|  |

## 問24　正解　(2)

**解説**

(1) 機械学習は、AIに内包される分析・処理技術の1つです。膨大なデータからコンピュータがルールやパターンを学習して、予測や分類など特定のタスクを実行することができます。

(2) ニューラルネットワークは、人間の神経細胞のように網状につながった構造です。

(3) 生成AIは、ディープラーニングなどを使って大量のデータからルールやパターンを学習し、出力します。

(4) 深層学習（ディープラーニング）は、画像認識や自然言語処理の分野で顕著な成果を上げています。例えば、画像認識は自動運転技術で、自然言語処理はChatGPTで活用されています。

ブロックチェーン技術に関する記述について、正しいものは次のうちどれですか。

(1)ブロックチェーンは、数多くのブロックが積み重なった構造になっている。

(2)ブロックチェーンの暗号計算値を求めることは、チューニングという。

(3)暗号資産は、インターネット上で使える通貨である。

(4)ブロックチェーンは、高度なセキュリティ対策がなされており、過去に不正利用は1度もない。

ARとVRに関する記述について、誤っているものは次のうちどれですか。

(1)ARとVRは、現実世界と仮想世界を融合させる技術である。

(2)VRゴーグルやコントローラーのセンサーが検知した動きが、仮想空間に反映され連動して映像が変わる。

(3)ARはスマートフォンでも利用できるため、BtoC向けの活用が多い。

(4)ARはBtoC向けの活用が多いが、行政による観光・防災面での活用はない。

解答欄

| 問25 | 問26 |
|------|------|
|      |      |

## 問25　正解　(3)

解説

(1)ブロックチェーンは、ネットワーク上で発生した取引データを「ブロック」という単位で記録し保存するデータベースです。個々のブロックは時系列に鎖でつながったような構造になっています。

(2)ブロックチェーンの暗号計算値を求めることをマイニングといいます。

(4)ブロックチェーンは、高度なセキュリティ対策がなされた仕組みです。しかし、過去にはルールを悪用して、取引内容が不正に書き換えられたことがあります。

## 問26　正解　(4)

解説

(1)ARとVRは、現実世界と仮想世界を融合させる技術で、CGによって作り出された映像などを現実かのように体験させてくれます。

(2)VRゴーグルを装着している頭やコントローラーを持つ手を動かすと、その動きを検出するセンサーによる情報が仮想空間に反映され、連動して映像が変わります。

(3)スマートフォンでもARコンテンツを利用できるため、ARはBtoC向けの活用が多いといえます。

(4)ARは、BtoC向けに例えば実際に購入した場合のイメージを表示する活用方法があり、行政では観光・防災面でARの活用を進めています。

ビッグデータと分析に関する記述について、正しいものは次のうちどれですか。

(1)総務省は2017年がビッグデータ利活用元年であるとしている。

(2)ビッグデータは、オープンデータ・パーソナルデータの2つのみに分類される。

(3)仲介事業者があらゆるところからデータを集め、無料で公開するオープンマーケットプレイスも登場している。

(4)ビッグデータ分析は、質的なデータのみに焦点をあてて分析することが多い。

3Dプリンティングに関する記述について、正しいものは次のうちどれですか。

(1)3Dプリンティングは2次元データさえあれば造形が可能である。

(2)3Dプリンティングの魅力は材料の選択肢が多いことである。

(3)3Dプリンティングの大きな課題は造形時間の長さである。

(4)3Dプリンティングは大量生産する場合に向いている。

解答欄

| 問27 | 問28 |
|------|------|
|      |      |

## 問27　正解　　(1)

解説

(2)ビッグデータは、オープンデータ・産業データ・パーソナルデータの3つに大きく分類されます。

(3)データ提供者によって公開された情報を仲介事業者が集約・加工し統合的に利用者へ提供する、データマーケットプレイスも登場しています。

(4)ビッグデータ分析は、質的データだけでなく、量的データも扱うことが多いです。

## 問28　正解　　(3)

解説

(1)3Dプリンティングを行う場合、2次元データだけでは造形できず、2次元データを3次元データ化してからでないと造形できません。3次元データがあれば造形は可能です。

(2)3Dプリンティングの材料の選択肢は樹脂や金属、セラミックなどと少ないことが課題になっています。

(4)3Dプリンティングは大量生産に向いているとはいえません。というのも、「製造スピードが遅すぎて、射出形成と比較すると全く役に立たない」ということが起こるからです。

## 問29

モバイル技術とアプリケーションに関する記述について、正しいものは次のうちどれですか。

(1)2020年の5G開始によって、ようやくモバイル技術の進化の歴史は始まった。

(2)AndroidもiOSも広く開かれたOSである。

(3)スマートフォンについては、利用時間の大半をアプリケーションが占めているという調査結果がある。

(4)アプリケーションやスマートフォンには忌避感が強い人が多く、導入には高い障壁がある。

## 問30

アプリケーションの設計と開発に関する記述について、誤っているものは次のうちどれですか。

(1)モバイルアプリケーションを開発する際には、必ずPC向けのアプリケーションと同じプログラムが使用されている。

(2)スマートフォンのアプリケーションでは、プッシュ通知機能によって、画面上にお知らせを表示することができる。

(3)スマートフォンのアプリケーションでは、デバイスのカメラやGPS機能を使用することができる。

(4)Webページでは実現できない機能をアプリケーションに盛り込むことで、アプリケーションの満足度を高めることができる。

解答欄

| 問29 | 問30 |
|------|------|
|      |      |

## 問29　正解　（3）

**解説**

(1)2015年にLTE、2020年に5Gと呼ばれる高速大容量の情報通信サービスが提供されたことで、当初はテキストと画像が中心だった状況が、動画中心に移行しています。

(2)Androidは広く開かれたOS、iOSはAppleに管理されたOSです。

(4)アプリケーションやスマートフォンは、多くの人に慣れ親しまれており、導入のハードルを下げる効果も考えられます。

## 問30　正解　（1）

**解説**

(1)モバイルアプリケーションとPC向けアプリケーションでは、開発の際に使用するプログラムやプラットフォームが異なることがあります。

(2)プッシュ通知機能によって、画面上にお知らせを表示することができ、事業者側から能動的なコミュニケーションをとることができます。

(3)カメラの使用により画像を読み込ませたり、GPS機能により位置情報を取得したりすることが可能です。

(4)WEBページでは実現できない機能をアプリケーションに盛り込むことで、アプリケーションの満足度を高めることができます。

Chapter **5**

# DXの
# ソリューションと
# 取組み

# DX推進のステップと金融機関の関わり方

D Xの実現は、一朝一夕に実現できるものではありません。しっかりと準備したうえで、ソリューションを検討していくことが効果の創出につながります。また、長く持続する施策になります。具体的には、以下①〜⑦のようなステップでDXを進めます。

## ❶意識醸成：経営陣や従業員のDXに対する意識の醸成

DXは非常にあいまいな概念です。そのため、役員・従業員ごとにDXに対する考え方やモチベーションが異なることがあります。ちぐはぐなまま施策を進めていくとどこかで認識の違いが生じてしまい、「これじゃなかった」ということになりかねません。

「自社にとってDXとは何か」「DXで何を実現するか」「そのためにはどのような体制で推進するか」「DX実現後、どのような会社にしていくか」を定義し、しっかりと全社で認識を合わせつつ、取組意欲を高めておくことが重要になります。

## ❷現状分析：自社のビジネス理解の深化と課題の把握

DXは全社的な取組みとなります。取組みにあたっては、各部門が何を行っているかを深く理解しておくことが必要です。ただし、多くの企業は部門間の連携に課題を持っています。製造業であれば生産と営業、サービス業であれば店舗と本社など組織間の障壁が存

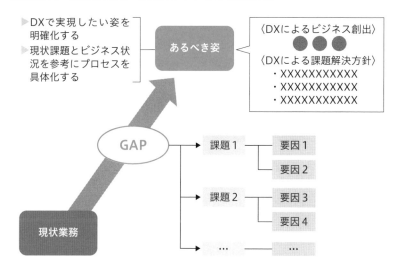

■図表84　現状とあるべき姿のギャップの明確化

▶DXで実現したい姿を明確化する
▶現状課題とビジネス状況を参考にプロセスを具体化する

あるべき姿

〈DXによるビジネス創出〉 ●●●

〈DXによる課題解決方針〉
・XXXXXXXXXXX
・XXXXXXXXXXX
・XXXXXXXXXXX

GAP

現状業務

課題1 ── 要因1／要因2
課題2 ── 要因3／要因4
… ── …

※MURC作成

在しているケースが見受けられます。

　まずは、各部門の業務を洗い出し、それぞれの部門が持つ課題を理解しておく必要があります。こうした情報が全社的なDXの取組方針を構築するためのインプットになります。社内状況を把握し横断的に取り組むために、部門を横断するDX関連組織を新しく設立するケースが多く見られます。

### ❸目標設定：DXを通じて達成したいKGIとKPIの設定

　DXの最も大きな特徴は短期間でPDCAを回せることにあります。他の戦略・施策に比べて短期間で結果を収集できるため、次のアクションに向けた判断を速やかに行うことができます。そのためにも、明確なKGIやKPIを設定し、「実現した／できなかった」を振り返り、

施策・ソリューションを再度検討していくことが重要です。

　KPIが達成できなかったとしても、それが問題ではありません。結果を振り返り、他のソリューションを検討していくスタンスを確立することが重要です。

**❹戦略・計画策定：現状分析と目標設定をもとに、DXの具体的な戦略・実施計画を策定**

　現状のビジネス状況・足元の課題が明確になったのち、次のステップでは具体的なゴールとそこに向かうロードマップを策定することになります。現状分析では、多くの課題や問題、実現したいことなどが発出します。その中で「効果の創出しやすさ」と「取組みの難易度」で優先順位を決めて取り組むテーマを絞り込みます。

　その後、各テーマを実現するための計画を取りまとめていきます。ロードマップはもちろん、推進に向けた体制図・予算管理など各リソースを管理する計画を取りまとめることが望まれます。

**❺導入・実施：システムやツール等の導入、業務プロセスの改善や変革の実施**

　計画が策定されれば、その計画に準じて進めていくことになります。多くの場合、この段階でツール等の導入と業務プロセスの改善を始めます。

　ツール等の導入の場合、クイックに取り組むことができるRPA・OCRなどを、まずテストで始めることが多いです。AI・IoTなどのDX技術を活用するケースでは、業務の改善・見直しから開始することが多く見受けられます。

　いずれにしても、導入対象の業務を精緻に把握し、業務フローなどで可視化することが必要になるため、作業を行っている担当者からヒアリングするなどしっかりと業務を確認し、外部のベンダーと意思疎通ができる資料等を準備しておく必要があります。

## ❻評価・検証：設定したKPIなどをもとに、DXの効果や成果を評価・検証

　前述したとおり、DXの取組みで重要なのはKPIを定めたうえで見直しをしていくことです。設定されたKPIに対してソリューション導入・業務改善の効果はどうかを振り返ります。KPIは各社様々ですが、作業時間・紙の枚数・閲覧時間・対応人員（工数）・変動人件費などを設定していることが多いです。

### ❼改善・最適化：評価・検証の結果をもとに、継続的な改善や最適化を実施

　KPIを達成したかどうかは重要ではありません。評価を振り返って次のアクションを考えることが重要です。KPIを達成したのであれば、それを横展開していくための計画を策定することや、さらなる改善に向けて次の目標を設定するなどのアクションが考えられます。未達だった場合は、ソリューションや方針を変更する、または別の部門から取り組むなどが考えられます。

　いずれにしても、常に改善・最適化活動を続けていくことを意識することが必要です。

〈DX支援で金融機関の担当者に求められること〉

幅広いネットワークから情報を収集し、客観的視点から評価できることが金融機関の強みです。その強みを活かして、取引先の課題を明確化したうえで、DX事例や多様なツール等に関する情報を収集・整理しながら、取引先に最適な目標を提示することが大事な役割の1つです。

各担当者は、DX支援にあたってツール等の機能や効果、導入のために必要な準備などを理解しておくことが重要です。特に、取引先にDX関連ツール等を提案する場合、同業他社で導入されたソリューションが適合しないこともあるので留意しましょう。

1つの課題に対して1つのツールを準備しておくのではなく、多くのツールを理解しておき最適なソリューションをアドバイス・提案することが取引先のDX実現につながります。

実施する施策が具体化したり必要なソリューションが明確になったりした際は、必要に応じてシステムベンダーや外部の専門家などと連携し、ツール等の導入までサポートします。

取引先には、DXという言葉だけ先行しているところやDXに苦手意識を持っているところなど、様々あると思います。個々の企業の状況や状態に合わせて、DX推進の進捗を見ながら、適時適切な対応を行うことが肝要です。

# 〈図解〉DX推進のステップと金融機関が行う支援

## Step ❶ 意識醸成

経営陣や従業員の
DXに対する意識の醸成

しっかりと社内で認識を合わせつ
つ、取組意欲を高めておく

## Step ❷ 現状分析

自社のビジネス理解の
深化と課題の把握

各部門の業務を洗い出し、各部門
が持つ課題を理解しておく。部門
を横断するDX関連組織を新しく
設立するケースが多い

幅広いネットワークから情報を収集し、客観的視点から
評価できることが金融機関の強み。その強みを活かして、
取引先の課題を明確化したうえで、情報提供やアドバイ
スを行うことが重要

## Step ❼ 改善・最適化

評価・検証の
結果をもとに、
継続的な改善や
最適化を実施

評価・検証から、次の展開・
目標を決める、またはソリュ
ーション等を変更する、
別の部門から取り組むな
ど、常に改善・最適化活動
を続けていく

## Step ❻ 評価・検証

設定された
KPIなどをもとに、
DXの効果や成果を
評価・検証

設定されたKPIに対して、ソ
リューション導入・業務改善
の結果はどうなったかを振り
返る

ツール等の機能や効果、導入の
ために必要な準備などを理解し
ておくことが重要。特に、取引
先にツール等を提案する場合、
同業他社で導入されたソリュー
ションが適合しないこともある
ので留意する

## Step ❸

### 目標設定

#### DXを通じて達成したい
#### KGIとKPIの設定

明確なKGIやKPIを設定し、「実
現した／できなかった」を振り返
って施策等の再検討をできるよう
にする

実施する施策が具体化したり必
要なソリューションが明確にな
ったりした際には、必要に応じ
てシステムベンダーや外部の専
門家などと連携し、ツール等の
導入までサポートする

## Step ❹

### 戦略・計画策定

#### 現状分析と
#### 目標設定をもとに、
#### DXの具体的な
#### 戦略・実施計画を策定

ゴールに向かうロードマップを策
定。優先順位を決めて取り組むテー
マを絞り込み、体制図・予算管理な
ど計画を取りまとめる

## Step ❺

### 導入・実施

#### システムや
#### ツール等の導入、
#### 業務プロセスの
#### 改善や変革の実施

計画に沿って進めていく。ツール等
の導入と業務プロセスの改善を始め
る。担当者へのヒアリングやベンダ
ー向け資料の作成等を行う

# ② ビジネスモデルの 変革に関わる手法

「デジタル・トランスフォーメーション」は、2020年7月17日に閣議決定された「世界最先端デジタル国家創造宣言・官民データ活用推進基本計画」において、「企業が外部エコシステム（顧客、市場）の劇的な変化に対応しつつ、内部エコシステム（組織、文化、従業員）の変革を牽引しながら、第3のプラットフォーム（クラウド、モビリティ、ビッグデータ／アナリティクス、ソーシャル技術）を利用して、新しい製品やサービス、新しいビジネスモデルを通して、ネットとリアルの両面での顧客エクスペリエンスの変革を図ることで価値を創出し、競争上の優位性を確立すること」と定義されています。デジタル・トランスフォーメーションには、以下のような新しい手法やビジネスモデルが大きく関わります。

## 1 eコマースとダイナミックプライシング

eコマース（EC）とは、「Electric Commerce」の略で、商品やサービスの売買から代金の決済までをインターネット上で行う取引のことを指します。身近な例では、物品を販売するオンラインショップや、金融商品の売買をWeb上で行うオンライントレードがこれにあたります。

eコマースの主なメリットは、①販路が大きく拡大できる、②24時間休むことなく運営できる、③顧客や商品売上傾向などのデー

タが潤沢に得られるという点です。

　反面、デメリットとしては、㋐新たなサイトを立ち上げても直ちに十分な売上を立てられるだけのユーザーの確保が難しい、㋑競合が多く価格競争が激しいといった点があります。

　これらのデメリットを解消するための対策としては、㋐については「SEO（検索エンジンの検索結果において、自社HP等Webサイトが上位に表示されるよう構成や記述などを見直す手法）等の集客対策の強化」、㋑については「ユーザーから見て魅力のある商品やサービスによる他社との差別化」が主なものとなります。

　近年注目されている価格設定の手法として、ダイナミックプライシングがあります。ダイナミックプライシングとは、ホテルの宿泊費や航空券の価格設定に見られるように、商品やサービスの原価をもとに価格を決めるのではなく、販売する時期等における消費者の需要と供給を勘案して、価格の設定を変えていく手法です。

　ダイナミックプライシングのメリットは、提供する企業側からすると、ⓐ需要が高まる時期に商品やサービスの価格を上げることで収益を最大化できること、ⓑ需要が低い時期は価格を下げることで余剰在庫を削減できることが主なものです。一方、ユーザー側からすると、閑散期等需要が低い時期はリーズナブルな価格で商品やサービスを購入できる点です。

## 2 サブスクリプション

　サブスクリプションとは、「料金を支払うことで、製品やサービス、コンテンツを一定期間利用できる」形式のビジネスモデルを指します。身近な例では、動画配信サービス（Netflix）や音楽配信サービ

■図表85　世界の定額制動画の市場規模推移

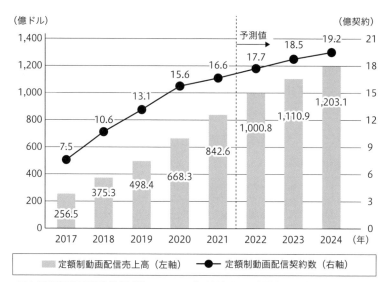

※定額制動画配信契約数（右軸）について、集計対象を利用継続契約に変更したことに伴い、令和3年版情報通信白書に掲載した数値から、2020年の数値を下方修正している

※総務省「令和4年版 情報通信白書」をもとに作成

ス等が該当します。

　サブスクリプションのメリットとしては、提供する企業側からすると、①継続的な収益を上げられる、②サービス費用が比較的低いため顧客を獲得しやすいという点が挙げられます。ユーザー側からすると、⑦1度に支払うサービス費用が安価であるため利用開始のハードルが低い、①購入・所有する必要がないので管理が不要、⑨いつでも登録・解約ができるという点があります。

　両方にとってメリットの多いサブスクリプションですが、安価であるため利益が安定するまでに時間がかかることから、ユーザーの早期の解約を防ぐ継続的なサービス改善の工夫が、企業側に必要で

す。

## 3 プラットフォームサービス

　プラットフォームサービスとは、「異なるユーザー・ユーザーグループ間をつなぎ、相互に価値を交換できる場を提供するビジネス」を指します。Amazonや楽天等の「オンラインマーケットプレイス」、X（旧Twitter）やLINE等の「ソーシャルメディアプラットフォーム」が代表的な例となります。

　企業の多くはプラットフォームサービスを利用しています。利用のメリットは、①オンラインサービス開発の費用が抑えられる、②プラットフォームの利用者を新規顧客として開拓できるという点が挙げられます。反面、⑦自社のビジネスに合わせたカスタマイズができない、①顧客のニーズをつかむためのアクセス履歴等データが十分に手に入らないといったデメリットもあります。

## 4 シェアリングビジネス

　シェアリングビジネスとは、「場所・乗り物・モノ・人・お金等の遊休資産をインターネット上のプラットフォームを介して企業や個人が貸借や売買、交換する取引」のことを指します。

　民泊・Airbnbのようなバケーションレンタル、カーシェア、ライドシェア・フードデリバリーのUber、クラウドファンディング等がこれにあたります。

　シェアリングビジネスの主なメリットは、①新たな消費が促進され経済効果が高まる、②ユーザーが格安で使用でき、提供者は物品の仕入等の費用がかからないという点があります。一方で、デメリ

カーシェアリング

ットとしては、⑦提供者の信頼性に問題が出る場合がある、①トラブル発生時に責任を問われる可能性がある、⑦提供者によってサービスの質が異なり一定の品質が担保できないという点があります。

## 5 マッチングビジネス

マッチングビジネスとは、「モノやサービスの需要を持つ人・事業者と、供給できる人・事業者を結びつけるビジネス」のことを指します。マッチングによって、ビジネスパートナーあるいは顧客が見つかります。ただし、必ずしもビジネスパートナー・顧客が見つかるとは限らないため、他のチャネルと並行して利用する等、利用方法には検討が必要です。

企業の売上拡大の取組みとして、顧客関係強化とマーケティング活動があります。近年のデジタル化の中で、顧客情報はデータとして管理され、マーケティングもデジタル化され、より効果的な活動が推進されてきています。

## 1 CRM（顧客関係管理）

CRMとは、Customer Relationship Management（顧客関係管理）の略称です。企業は接点を持った顧客との関係性を構築し、生涯にわたり自社製品を購入してもらえるよう強化しなければなりません。CRMは企業戦略において最も重要な取組みの1つといえます。

CRMが目指す姿はロイヤル化です。長期的に多く購入してもらえる顧客関係を築いていくことを目指します。そのために、顧客データを管理し、多くの見込客と接点を持つためデジタル環境でマーケティングを仕掛け、見込客の獲得とロイヤル化に取り組みます（次ページの図表86、87）。CRMでは、企業内における様々な部署の連携が重要になります。

企業が保有する顧客情報を一元管理し、企業にとっての優良顧客を定義することで効果的な販売戦略やマーケティング戦略を立案・実行することが可能となります。

CRMには様々な分析手法があり、主なものにはRFM分析（最新

■図表86　CRMの概要

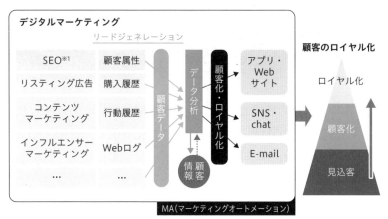

※1　SEO: Search Engine Optimization

※MURC作成

■図表87　CRMの機能

| 機能 | 具体的な内容 |
|---|---|
| **顧客情報管理** | カード会員やEC会員、名刺などの取得した顧客情報を管理 |
| **購入履歴管理** | 各顧客の購入商品・金額・数量などの購入履歴を管理 |
| **売上分析／キャンペーン管理** | 各顧客の購入履歴などから売上分析を実施。キャンペーン等の施策の立案や実施効果測定等、売上情報の分析と施策立案に活用 |

※MURC作成

購入日・購入頻度・購入金額による分析）やLTV分析（顧客の生涯価値による分析）、デシル分析（購買金額を基準に10グループに分類する分析）などがあります。

## 2　MA(マーケティングオートメーション)

　MAとは、デジタル環境におけるマーケティング活動を効率化するツールです。人による営業では限界のある見込客（リード）の獲

■図表88　MAの機能

| 機能 | 具体的な内容 |
|---|---|
| **見込客の獲得**<br>**（リードジェネレーション）** | 企業のWebサイトやWeb広告などにアクセスした顧客を見込客（リード）として自動で獲得 |
| **見込客の育成**<br>**（リードナーチャリング）** | 獲得したリードに対して、Web上のアクセス等を解析し、関心の高そうな広告を打ち込む等、顧客化へと育成 |
| **顧客維持アプローチ**<br>**（リテンション）** | 顧客化した１人ひとりに最適な広告を打ち込むターゲティング広告の最適化ができ、顧客維持アプローチを推進 |

※MURC作成

得やアプローチを自動化でき、効率的・効果的に「顧客化」が可能になります。その後の顧客維持も１人ひとりに沿ったシナリオを設定でき、自動化できます（**図表88**）。

　Web上での顧客行動をスコアリングして可視化し、シナリオを組んでメール・広告配信を自動化できるため、人手で実施する限界を超えたマーケティング活動を実現できます。

## 3　デジタルマーケティング

　スマートフォンの普及により、インターネットにアクセスしないことが少なくなった環境下で、デジタル環境は企業にとって重要な顧客接点です。

　検索サイトやWebサイト、動画サイト、SNS等、様々なデジタル環境にアクセスする消費者にアプローチし、ブランドや商品のファン（顧客）になってもらう活動が必要となっています。

　主なデジタルマーケティング施策として、次ページの①〜③のようなものが挙げられます。

## ①SEM（Search Engine Marketing）

　検索エンジン（GoogleやYahoo等）のプラットフォーム上に広告を表示したり、検索時に上位に表示させるサイトづくりをしたりする取組みです。例えばリスティング広告やディスプレイ広告があり、検索上位に促す取組みをSEOといいます。

## ②コンテンツマーケティング

　広告ではなく、顧客に価値のあるコンテンツを作成し、ブランドや商品のファンになってもらう取組みです。Webサイトだけでなく、SNSのプラットフォーム等を利用して、対象顧客へアプローチします。

## ③インフルエンサーマーケティング

　SNS等で高い影響力を持つ人物（インフルエンサー）に商品やサービスを紹介してもらう取組みです。

　以上①～③のような施策では、対象のプラットフォーム（検索エンジンやSNS等）をターゲットに合わせて選定し、そのプラットフォームを利用する顧客にささるサイトやコンテンツを打込めれば、一気に拡散し大きな反響と顧客を獲得できます。反面、批判にさらされる等のリスクもあり、事前に運用ルールやポリシーを決めるなどの対応も必要となります。

　デジタルマーケティングでは顧客の情報を取得し、それをマーケティングに活用することがありますが、データの取得・利活用にあたっては、セキュリティや法規制への対応が必要です。また、2023年10月からは、広告であるにもかかわらず広告であることを隠す、いわゆる「ステルスマーケティング」が景品表示法違反とされています。

## 4 プロセスインフォマティクス

　プロセスインフォマティクスとは、AI等技術を使って様々な環境条件や材質等のパラメータを検討し、効率よく製造につなげる手法です。過去データを用いて最適な条件を早期に導出することで新材料や新規デバイスなどを開発することがプロセスインフォマティクスの真髄です。

　製造過程や完成品の状況をリアルタイムに測定する計測インフォマティクスを組み合わせることで、ものづくりから品質チェックまでを一貫で行い、完成品の質をさらに向上させることができます。

# ④ 社内プロセス改善の ためのDXの手法

　　　　業の社内プロセス改善の手段としても、業務効率化やコミュ
**企**　　ニケーションの活性化、意思決定のスピードアップなど、デ
ジタル技術が積極的に活用されています。ここでは、社内プロセス
改善のためのDXとして、デジタルBPR（Business Process Reengi-
neering）、コラボレーションツール、BI（Business Intelligence）
ツールを紹介します。

## 1 デジタルBPR

　デジタルBPRとは、AIやRPAなどのデジタル技術を活用し社内
プロセスを抜本的に見直して効率化や自動化等を実現する手法です。
デジタルBPRを実現するためのツールは数多くありますが、その中
でもRPA（Robotic Process Automation）とAI-OCR（Optical Char-
acter Reader）は活用が進んでいます（**図表89、90**）。

　紙やメールからの入力など、人がやっていた作業を自動化するこ
とによる作業時間の削減が図れます。RPAやAI-OCRは、単独導入
でも効果は得られますが、組み合わせて導入することでより高い効
果が期待できます。

　ただし、RPAやAI-OCRによって作業を完全に自動化することは
難しく、人による確認や修正も必要です。そのため、各人で行う確
認や修正を一元化するなど、より効率化できるよう既存の社内プロ

■図表89　デジタルBPRの活用技術

| ツール | 活用方法 |
|---|---|
| **RPA** | PCを使って繰り返す操作をソフトウェアのロボットに記憶させ、記憶させたとおりの操作を自動実行できるツール。例えば、メールの添付ファイルの保管やExcelファイルの加工など、様々な操作を記憶させることが可能 |
| **AI-OCR** | 紙の書類をCSVファイル等のデジタルデータに変換するツール。以前からOCR技術は存在したが、近年AIの活用により「手書き文字の読み取り精度の向上」「書類レイアウトの自動判別」等が可能になり、より実用的なツールとなっている |

※MURC作成

■図表90　RPAとAI-OCRの導入例

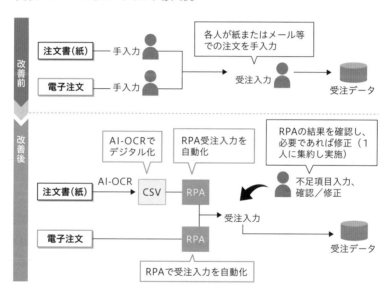

※MURC作成

セスを見直すことも重要です。

## 2　コラボレーションツール

　コラボレーションツールとは、オフィスと自宅など場所を問わず仕事するために必要な機能を統合的に有しているツールです。メー

■図表91　BIツールの機能

■図表91　BIツールの機能

| 機能 | 具体的な内容 |
|---|---|
| データの収集・管理 | 異なるシステムやExcel等のファイルからデータを収集し一元管理 |
| データの可視化 | グラフや地図データへのプロットなど、複雑なデータを分かりやすく可視化。ダッシュボードの形で、複数の重要な指標を1つの画面に表示する機能もあり |
| データの分析 | 可視化されたデータの抽出条件や集計条件の変更、詳細データの確認など、利用者がその場で分析できる機能がある |

※MURC作成

ル・チャット・Web会議などのコミュニケーション機能や、スケジュール管理機能、ファイル共有機能が含まれます。また、Excel・Power Pointなどの1つのファイルを同時に複数人で編集できる同時編集機能やタスク共有機能など、よりチーム作業が楽になる機能もあります。

　場所を問わず柔軟な働き方の実現や、チャット等によるコミュニケーションの活性化、チーム作業の効率化およびスピードアップが期待できます。

## 3　BIツール

　BIツールとは、売上や利益等の大量のデータから重要な情報を素早く分かりやすく、柔軟に見ることができるツールです（図表91）。設定された目標に対し日々成果をモニタリング・分析することで、経験と感ではなくデータドリブンによる意思決定が期待できます。各種報告資料をBIツールに置き換えることで、データの収集や集計などの作業時間削減や、リアルタイムに近い形での分析・意思決定も期待できます。

# Section 5 中小企業のDXの取組状況を把握しよう

　　金融機関の各担当者は、DX支援にあたって、中小企業のDXの取組状況を把握しておくことが重要です。社会的な動向を知ることは取引先の状況把握や取引先へのアドバイスに役立ちます。

　例えば、事業のどこに課題を感じている企業が多いのか、DX推進は何から取組みを始める企業が多いのかなどの情報は、経営者との対話に活かせるほか、取引先への提案を考える際にも参考になります。

　経済産業省をはじめとした公的機関のほか、各種団体・調査機関等が、数多くのDX取組事例を公表しています。こうした事例によってDX推進のポイントや成功までの流れなどが分かりますので、取引先に事例を紹介することでDX推進のイメージを持ってもらいやすくなります。

## 公的資料を有効活用する

　有用な公的資料として代表的なものに、独立行政法人情報処理推進機構「DX白書」や独立行政法人中小企業基盤整備機構「中小企業のDX 推進に関する調査　アンケート調査報告書」などが挙げられます。

　「DX白書2023」をもとに作成した次ページの**図表92**からは、日本のサービス業ではDXに取り組んでいない割合が4割を超え、日本

229

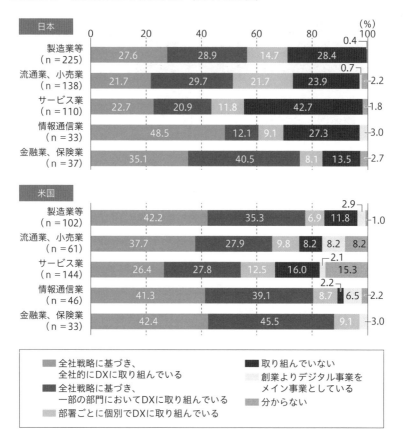

■図表92　業種別DXの取組状況（日米の比較）

日本

製造業等（n＝225）: 27.6 / 28.9 / 14.7 / 28.4 / 0.4

流通業、小売業（n＝138）: 21.7 / 29.7 / 21.7 / 23.9 / 0.7 / 2.2

サービス業（n＝110）: 22.7 / 20.9 / 11.8 / 42.7 / 1.8

情報通信業（n＝33）: 48.5 / 12.1 / 9.1 / 27.3 / 3.0

金融業、保険業（n＝37）: 35.1 / 40.5 / 8.1 / 13.5 / 2.7

米国

製造業等（n＝102）: 42.2 / 35.3 / 6.9 / 2.9 / 11.8 / 1.0

流通業、小売業（n＝61）: 37.7 / 27.9 / 9.8 / 8.2 / 8.2 / 8.2

サービス業（n＝144）: 26.4 / 27.8 / 12.5 / 16.0 / 2.1 / 15.3

情報通信業（n＝46）: 41.3 / 39.1 / 8.7 / 2.2 / 6.5 / 2.2

金融業、保険業（n＝33）: 42.4 / 45.5 / 9.1 / 3.0

凡例：
- 全社戦略に基づき、全社的にDXに取り組んでいる
- 全社戦略に基づき、一部の部門においてDXに取り組んでいる
- 部署ごとに個別でDXに取り組んでいる
- 取り組んでいない
- 創業よりデジタル事業をメイン事業としている
- 分からない

※独立行政法人情報処理推進機構「DX白書2023」をもとに作成

企業の他業種や米国企業の同業種に比べ、DXの取組みが遅れていることが分かります。DX支援の対象企業である取引先がサービス業であれば、そもそもDXの取組みを行っていない可能性が高いと想定でき、DXの必要性を伝えることを準備することが可能です。

「中小企業のDX 推進に関する調査（2023年）アンケート調査報告

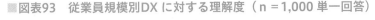

■図表93　従業員規模別DX に対する理解度（n＝1,000 単一回答）

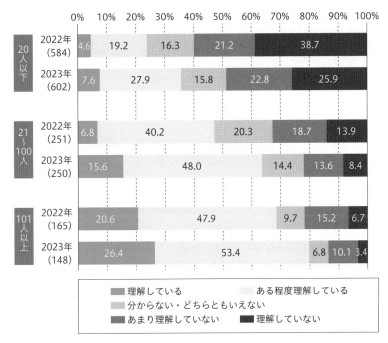

※独立行政法人中小企業基盤整備機構「中小企業のDX推進に関する調査（2023年）アンケート調査報告書」をもとに作成

書」をもとに作成した図表93からは、DXに対する理解のある企業は全体的に増加傾向にあるものの、従業員規模が小さいほどDXの理解度が低くなることが分かります。DX支援の対象である取引先の従業員規模に合わせて、１年間の間で同じ規模の会社がどのくらいDXを進めているか情報提供することができます。そうした情報提供によって、DXの必要性を取引先に説得力を持って伝えることも可能でしょう。

# 金融機関のDXと
# サービスの向上

金融機関はレガシーシステムからの脱却や異業種参入企業との競争激化などにさらされており、デジタル技術や各種データを活用した業務改革、顧客接点の強化等を通じた競争力向上が課題となっています。それらの課題の解決に向けて各金融機関はDXを推進しています。ここでは、主な取組みを紹介します。

## 1 スコアリングモデルによる
## 与信審査業務の効率化

　金融機関が活用しているスコアリングモデルとは、金融機関が企業に融資をする際に、過去の財務データや取引データをもとに、信用力や貸倒れリスクを数値化するモデルのことです。

　人手では、融資審査に時間がかかる、審査が属人的でありバラつきが生じるといった課題があります。

　近年、ビッグデータやAI技術が飛躍的に向上してきたことから、過去の財務諸表や入出金・預金残高などの蓄積データを機械学習にかけて評価するスコアリングモデルも開発されており、融資審査への活用も始まっています。

　こうしたことが与信審査費用の削減や審査時間の短縮、審査判断の平準化などにつながっています。

■図表94　金融機関におけるDX例

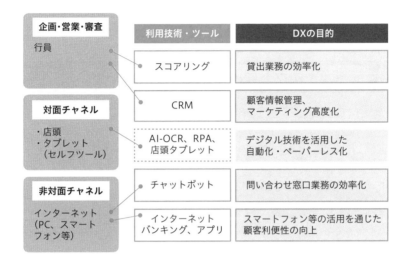

※MURC作成

## 2　CRM活用による顧客接点強化と営業・マーケティングの高度化

　CRMは顧客情報を一元管理することが可能なシステムです。例えば、支店で顧客情報を登録すると本部でも即座にその情報を確認でき、リアルタイムで顧客情報の共有が図れます。本部・営業店による一体的な営業活動が可能となります。また、顧客との接触履歴を登録しておくことで、担当者が変わってもシームレスに顧客へのサポートが引き継がれます。

　CRMは勘定系システムや審査システムなどとの連携も可能であるため、顧客に関する総合的な情報を分析することで顧客に対する営業方針の検討やマーケティング戦略の立案などにも活用可能です。

他にも、コールセンター業務の効率化やシステム連携による顧客情報入力作業の軽減・ペーパーレス化など、様々な業務の改善に活用されています。

## 3 チャットボットによる窓口業務の省人化

質問に自動で回答を行うチャットボットを活用して、コールセンター・店舗窓口での対応の負担軽減や要員の削減などが図られています。チャットボットの導入には、電話では処理しきれない件数の対応が可能となる、24時間365日対応が可能となる、多言語化にも対応しやすいなど、多くのメリットがあります。また、チャットボットを使って、社内システムや社内手続きの照会なども可能です。社内外の問い合わせ対応業務全般の効率化に有用な技術です。

## 4 非対面チャネルによる顧客利便性の向上と業務効率化

スマートフォンの普及やコロナ禍での外出控えなどを契機に、インターネットバンキングやスマホアプリなど非対面チャネルの利用が増加しています。インターネットバンキングでは口座開設から預金残高・利用明細確認、他口座への振込、税金の支払いなどが可能であり、スマホアプリなども無償で公開されています。本人確認にはeKYC（electronic Know Your Customer）が利用されておりセキュリティも強化されています。店舗での手続きは不要となるため、窓口での手続き業務が削減されるほか、紙の通帳や申請書類の取扱いも減るためペーパーレス化にもつながります。

ここで挙げた取組み以外にもAI-OCRや店頭タブレット導入など
を通じたペーパーレス化、RPAを活用した業務自動化などDXに向
けた様々な取組みがなされています。金融機関の業務効率化や生産
性向上が実現することで、生まれた余力をサービスに向けられるよ
うにもなってきています。

　また、収集・蓄積されたデータの利活用にも取り組んでいる金融
機関もあり、お客様ごとにパーソナライズされたマーケティングも
可能となっています。

　金融機関のDX推進のためには、業務だけでなく組織文化の変革
も必須です。そのために、経営陣がリーダーシップを発揮し、戦略
の実現に向けた機運やモチベーションを高めることが求められます。

　このように金融機関がDXを推進することで、最終的にお客様に
寄り添った金融サービスの提供につながるという点を取引先に伝え
て、金融機関のDX推進について理解してもらうことが重要と考え
ます。

問31

DX推進のステップと流れに関する記述について、適切なものは次のうちどれですか。

(1)改善・最適化→現状分析→目標設定→戦略・計画策定→導入・実施→評価・検証→意識醸成

(2)意識醸成→現状分析→目標設定→戦略・計画策定→導入・実施→評価・検証→改善・最適化

(3)意識醸成→現状分析→戦略・計画策定→目標設定→導入・実施→評価・検証→改善・最適化

(4)目標設定→現状分析→改善・最適化→戦略・計画策定→導入・実施→評価・検証→意識醸成

問32

eコマースに関する記述について、適切でないものは次のうちどれですか。

(1)eコマースは、実店舗を必要としないため、個人の開業で用いられることもある。

(2)eコマースのメリットの1つは、販路が大きく拡大できることである。

(3)eコマースは、サイトの立ち上げさえできれば、ユーザーの確保は容易であることがメリットである。

(4)eコマースには競争が激しいというデメリットがあるため、魅力のある商品やサービスで他社との差別化を図ることが重要である。

解答欄

| 問31 | 問32 |
|------|------|
|      |      |

## 解答・解説

### 問31　正解　(2)

解説

　DX推進は(2)のステップで進めるとよいといわれています。(1)、(3)、(4)に記述されている順では、途中で進まなくなるか、断念することにもなりかねません。

### 問32　正解　(3)

解説

　(1)、(2)、(4)は記述のとおりです。(3)について、eコマースには新たなサイトを立ち上げても直ちに十分な売上を立てられるだけのユーザーの確保が難しいというデメリットがあり、SEO等の集客対策の強化が重要です。

問33

　売上拡大のためのDXに関する手法やツールについて、該当しないものは次のうちどれですか。

(1)CRM

(2)MA

(3)デジタルマーケティング

(4)CX（カスタマー・エクスペリエンス）


問34

　社内プロセス改善のためのDXに関する手法やツールについて、該当しないものは次のうちどれですか。

(1)デジタルBPR

(2)ネイチャーインテリジェンス

(3)コラボレーションツール

(4)BIツール

| 問33 | 問34 |
|------|------|
|      |      |

## 問33　正解　⑷

解説

　⑴CRMや⑵MA、⑶デジタルマーケティングは、DXに有効な
ものです。一方、⑷CXとはCustomer Experienceの略称で、顧
客体験価値や顧客経験価値を意味します。商品やサービスを通じ
て顧客が受け取る価値全体を指します。CXが向上すれば売上拡
大の可能性は高まりますが、CX自体は売上拡大のためのDXに関
する手法やツールではありません。

## 問34　正解　⑵

解説

　⑴デジタルBPRや⑶コラボレーションツール、⑷BIツールは、
社内プロセス改善に有効なものです。一方、⑵ネイチャーインテ
リジェンスとは、人間などが自然に持ち得る知能を意味します。
AIの対局にある用語で、DXに関わる手法でもツールでもありま
せん。

金融機関のDXの現状と課題に関する記述について、誤っているものは次のうちどれですか。

(1)金融機関の多くで、レガシーシステムからの脱却が課題となっている。

(2)チャットボットは、窓口業務の省人化だけでなく、社内システムや社内手続きの照会にも使われることもある。

(3)金融機関のDXを成功に導くためには、業務だけでなく組織文化の変革は必須であり、経営陣が中心となって変革をリードし現場を巻き込んでいくことが重要である。

(4)金融機関のDXは、金融機関の業務効率化や生産性向上につながるが、顧客にメリットはない。

解答欄

| 問35 |
| --- |
|  |

## 問35　正解　　(**4**)

**解説**

(1)金融機関の多くでは、レガシーシステムが利用されていること
　もあり、新しいデジタル技術を導入することが容易ではなく、
　DX推進の支障となっています。

(2)チャットボットは、社内外の問い合わせ対応業務全般の効率化
　に有用な技術です。

(3)金融機関のDX推進では、経営陣のリーダーシップの発揮が求
　められています。

(4)金融機関のDXによって、顧客は手書きでの書類記入が減る、
　非対面チャネルにより来店せずに手続きができるようになる、
　チャットボットによる24時間365日対応や多言語対応を受けら
　れるようになるなど、利便性が向上します。

Chapter **6**

# 企業の課題を
# 読み取り
# 提案を考える方法

# データをもとに 取引先の課題と 解決策を考える！

　引先との面談の中で、「販路拡大したいがどうしたらいいか…」「営業を頑張っているが、なかなか実績が上がらなくて…」「業務を効率化したいが、どこから手を付けたらいいものか…」といった悩みを聞くことは少なくありません。自社の課題を漠然とは実感しているものの、具体的にどのような施策に落とし込めばいいのか分からない状態といえるかもしれません。

　こうした取引先の悩みを受けて、現状の課題についてフレームワークを活用しながら整理するために、取引先から「何をネックと考えているか」「何が不足しているか」など、詳細にヒアリングすることが重要です。併せて取引先が課題解決に向けて、自社が持つ貴重なデータを活用しているかも聞きます。

　中小企業では、データを保有しているものの、それを経営改善などに活かしきれず、感覚的に施策を実施することが少なくありません。それゆえに、的確な打ち手を講じることができていないということがあります。

　こうした状況を解決するために、金融機関の担当者がデータの利活用の重要性やデータ分析の方法をアドバイスします。すでにデータ分析を行っているものの、施策がうまくいっていないということであれば、利用しているデータが適切なものでなかったり分析の仕方がマッチしていなかったりするのかもしれません。その場合は、

どのようにデータ分析を行っているか確認して、適した方法をアドバイスすることも大切になります。

　データ分析の方法が分からないということであれば、具体的に説明するか、活用できるツールを紹介します。場合によっては、データ分析を行う会社を紹介する必要もあるでしょう。

## グラフや図が何を表しているかを読み取る

　今後、中小企業のデジタル化が進む中、各企業の保有するデータはますます増えていきます。増大していく保有データをうまく活用していけば、確度が高い戦略の立案や業務の効率化、新商品開発、新市場開拓に早く近づけます。

　取引先がそうした波に乗るためにも、金融機関の担当者にはデータ活用に関する知識が必須です。合わせて、データをもとに課題を明確化し解決策を考える力を備えておくことが求められます。

　データから課題解決策を見出すには、取引先が保有するデータの種類や内容を把握し、保有データに外部データ等を組み入れながら、集計・可視化・加工します。この際、目的を明確にしてから分析を進めないと、的外れな結果になるので留意しましょう。

　整理されたグラフや図を作ることが目的ではありません。生成されたグラフや図が何を表しているのか読み取ることが求められているのです。そこから具体的に戦略を練り、施策を立てて行動計画に落とし込むまでが課題解決に向けた分析といえます。

　ここまでの分析は、取引先にとって検討に値する内容です。金融機関としての対応策も明確にしてくれます。最適なアドバイスや提案につなげて、取引先の信頼感を高めていくことが重要です。

引先の状況の把握が支援の第一歩です。DX支援ありきではなく、最適な支援はどのようなことか追求していくことになります。そのためには、所属金融機関内で蓄積した情報を踏まえて取引先の内部情報・外部情報を収集して、取引先の実態を把握していきます。取引先の現状や外部環境をもとに、各種マーケティング分析を駆使して、取引先のビジネスや課題を明らかにします。

1つの取引先に関して、数多くのマーケティング分析を行う必要はありません。取引先の特性に合わせて分析手法を選定してもよいでしょう。担当者自身が明らかにしたいことや、想定課題としていることを検証できる分析手法を選びます。

選んだ分析手法で得た結果をもとに、課題の設定と解決策の仮説を立てて、金融機関として可能な支援の道筋を考えていきます。そうした中で、不明な点が見つかれば、再度取引先にヒアリングするなどして明確にしていきましょう。

例えば、取引先について分析した内容をもとに、課題を「受発注の管理が煩雑でミスが多い」と、解決策を「受発注のデジタル管理システムの導入」と仮説します。それから、「各受注先名や各受注先からの受注額、受注量、納期、各受注先への請求額・回収サイト等」のデータや、「受注額の合計や製品ごとの受注額、エリアごとの受注額等」のデータ、「各仕入先・各外注先の名称や発注内容・

発注額、発注量、発注頻度、納期、各発注先への支払いサイト等」のデータをどのような状態で保有し管理しているか聞き取ります。また、受発注管理にかかる費用や時間（手間）、管理の仕方、ミスの頻度・多いタイミング、ミスによるロスなど、これまでヒアリングしてこなかったことまで踏み込む必要があるかもしれません。

## 異常な点や偏りのある点に注目する

　課題を検証するうえで着眼する点は、何も取引先が悩みとして自覚していることばかりではありません。異常な点や偏りのある点に注目してみることも重要です。様々な方向からの視点を持って、課題を検証し明らかにしていきます。課題がある程度明確になったら、どのような解決策が取引先にとって最善なのかあるいは最大限の効果を生むのか、最低限のリスクで済むのかを検討していきます。

　取引先のあるべき姿・望むべき姿が把握できれば、現状とのギャップを埋める改善策や必要な計画・行動、そして金融機関の支援策が見えてくるはずです。施策として、DX推進やDX支援が最適であれば、それらに向けた方法を検討して、取引先に具体的にアドバイス・提案します。その際には、DX支援の専担部署と連携しながら行い、場合によっては外部のベンダーや専門家の協力を仰ぎましょう。

〔Ⅰ〕次の事例に基づいて、問36～37に答えてください。

　下記の図表は、Ｘ県を基盤とする中学受験向けの４つの集団学習塾のエリア別小学６年生の生徒数です。各エリアの小学６年生の児童数や進学の状況は、グラフの数値で推移しています。

　甲銀行の法人担当者Ｙは、主要取引先である株式会社北川塾から営業戦略について相談を受けました。北川塾は、生徒数こそ少ないものの、難関中学校受験対策に強みを持ち、着実に生徒数を伸ばしています。

■小学６年生の児童数と進学者数の割合

|  | 小学６年生の児童数（名）（a） | 難関中学校進学者数（名）（b） | 小学６年生の児童数に占める難関中学校進学者数の割合（b÷a） |
|---|---|---|---|
| エリアA | 3,421 | 464 | 13.6% |
| エリアB | 5,821 | 477 | 8.2% |
| エリアC | 2,737 | 574 | 21.0% |
| エリアD | 5,421 | 1,463 | 27.0% |
| 合計 | 17,400 | 2,978 | 17.1% |

■各塾の小学６年生の生徒数（名）　　　　　　　　　　■売上高（百万円）

|  | 北川塾 | 西塾 | 南野塾 | 東山塾 | 合計 | 北川塾 |
|---|---|---|---|---|---|---|
| エリアA | 276 | 884 | 331 | 350 | 1,841 | 306.73 |
| エリアB | 324 | 530 | 1,353 | 736 | 2,943 | 359.27 |
| エリアC | 352 | 209 | 417 | 326 | 1,304 | 390.72 |
| エリアD | 713 | 517 | 514 | 641 | 2,385 | 791.80 |
| 合計 | 1,665 | 2,140 | 2,615 | 2,053 | 8,473 | 1848.52 |

■各塾の小学６年生の生徒数に占める難関中学校進学者数の割合

| 北川塾 | 西塾 | 南野塾 | 東山塾 |
|---|---|---|---|
| 36.1% | 18.2% | 30.2% | 13.6% |

■エリア別小学 6 年生の児童数

（名）

H H H H H R R R R R
26 27 28 29 30 1 2 3 4 5

| エリアA | エリアB |
| エリアC | エリアD |

■エリア別小学 6 年生の児童数に
占める難関中学校進学者数の割合

H H H H H R R R R R
26 27 28 29 30 1 2 3 4 5

| エリアA | エリアB |
| エリアC | エリアD |

【問36】　北川塾の重点エリアを選定してください。

_____

_____

【問37】　北川塾の重点エリアを選定した理由について、以下の文章を完成させてください。

重点エリア（問36で回答したエリア）は、（A）を示す指標（B）が（C）く、（D）を示す指標（E）が（F）いことから、最も（G）が期待できるから。

（A）_____　（B）_____

（C）_____　（D）_____

（E）_____　（F）_____

（G）_____

# 模範解答

【問36】

エリアD

【問37】

（A）市場魅力度

（B）小学6年生の児童数

（C）高

（D）競合優位性

（E）難関中学校進学率

（F）高

（G）多くの売上高（もしくは多くの利益）

### 解説

　本問を解くための基本的な考え方は、Chapter 2 Section 3〜4 で解説しています。

　本問を考えるにあたって、まずは2軸を定めます。縦軸は市場魅力度を示すものです。データでは、市場規模として小学6年生の児童数が使用できます。横軸は競合優位性を示すものです。北川塾の強みが難関中学校受験対策ということなので、児童数に占める難関中学校進学者数の割合を横軸とします。

　軸を定めたら、次に各エリアをプロットします。このとき、売上高でバブルの大きさを比較できるようにするとよいでしょう（**右図**）。

　最後に、右図をもとに重点エリアを選定します。一般的には市場魅力度と競合優位性がともに高い右上の象限から選択します。

　ただし、例えばシェアがすでに大きく拡大の余地が小さい場合に

は、左上または右下を選択します。

　本問において、右上の象限に位置するのはＤエリアです。北川塾
のシェアを確認すると、29.9％であることから、まだ拡大の余地が
あると考えられます。

　よって、Ｄエリアを重点エリアとして選定します。

■児童数×難関中学校進学者数の割合

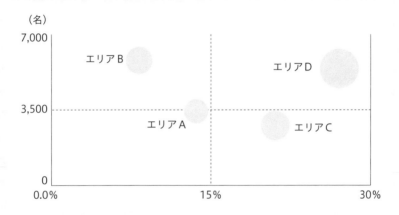

〔Ⅱ〕次の事例に基づいて、問38〜40について答えてください。

法令銀行がメインとして取引を行ってきた株式会社長澤皮革は、長年、一般消費者向けに手作りの革小物を製造・販売する事業者。使いやすいという評判があり、職人1人ひとりによる一貫した手作りであるものの手頃な価格帯であることも人気の理由になっている。主力商品は7年前から販売している小型の財布で、売上の6割程度を占める。顧客の中には、同じアイテムでもデザインの異なるものに変えて継続購入したり、ギフト用に購入したりする根強いファンも少なくない。

同社は県内に直営店を2店舗有するほか、全国の百貨店やショッピングモール等での催事にも定期的に出展している。購入者には任意で名前や住所等を教えてもらい、収集してきた顧客情報をもとに、個別顧客に新製品発売や催事の案内を郵送している。

代表者の長澤氏には、「お客様には実際に当社の製品を手にとってその良さを感じてほしい」との強い想いがある。以前、常連客から「黄色の革と金のボタンと白いステッチにしてほしい」といったカスタマイズの要望もあったことから、今後はカスタマイズ対応にも積極的に臨みたいと思っている。また、顧客の多様なニーズに合わせた製品作りも考えており、自社製品への強い愛着を持ちつつ、今後の販売展開を構想しているようだ。

十数年前から、同社に製品や催事の出店などに関する問い合わせが多く寄せられるようになってきた。その状況を知った法

令銀行の前任担当者・能見さんは、HP制作会社クローを紹介し、長澤皮革はクローに自社HPを製作してもらった。HPの内容は、商品の一部の画像とともにサイズ、色、素材などを紹介したり、「NEWS」に催事のお知らせを都度記載したりしている。HPの開設により電話での問い合わせ対応を減らすことはできた。しかし、最近はHPの更新が最低限になっており、あまり有効活用されていない状況である。

　前任者の能見さんは、販売先を広げるために大手通販サイトへの出店によるネット販売やSNSでの情報発信などを勧めていた。しかし、長澤氏はネット販売やSNSなどの活用について弊害の多さを経験していたようで、懐疑的である。というのも実は、かつて常連客がSNSで製品を紹介したことがあり受注は大きく伸びたものの、一時的なブームで終わった。しかも、増加した顧客対応の煩雑さだけでなく、手作りのため製造量の制約がある特性上、納期の遅れも出たことから常連客からクレームを受けていた。

　長澤皮革は、長年、常連客に支えられて業績も安定的に推移してきたが、ここ数年は売上が頭打ちとなりつつある。コロナ禍で対面販売が減少し、顧客の行動様式が変化した状況で、法令銀行の現担当者である中野さんは、DX推進を含めた解決策を検討しているところだ。

【問38】　4Pの観点から、長澤皮革の現状を記述してください。

---

【問39】　デジタル化やDX推進の観点から、同社の課題を３つ記述
してください。

課題1

---

課題2

---

課題3

---

【問40】　問39で挙げた３つの課題に対して、法令銀行の担当者の中野さんがどのようなアドバイスや提案ができるか、それぞれ記述してください。また、それらのアドバイスや提案にあたって追加で情報収集すべきことがあれば記述してください。

【問38】

**Product**……手作りの革小物。使いやすいという評判がある。主力商品は小型の財布。

**Price**……手頃な価格帯。

**Promotion**……収集してきた顧客情報をもとに、個別顧客に新製品発売や催事の案内を郵送。HPで製品紹介や催事への参加を公表しているが、更新は少ない。

**Place**……県内の直営店２店舗のほか、百貨店やショッピングモール等の催事に定期的に出店。販売チャネルは対面販売のみ。

【問39】

課題１　製品が職人１人ひとりによる一貫した手作りであるがゆえに、製造量が限定的。大量受注しても、製造が追いつかない。職人の感覚による製造状態である可能性があり、生産管理・体制等に関するデータの集積や利用に取り組んでいる状態が見えない。

課題２　製品や催事に関する情報をHPで発信していたり、郵送で新製品の取扱いや催事への参加を一定の顧客にしていたりするが、ネット販売やSNSを活用していない。

課題３　代表者がネット販売やSNS等の活用について懐疑的であり、これらの活用メリットについての理解が不足している。

【問40】

●**課題１に対する提案例**

　受注・製造増加に耐えられる体制の構築はもちろんだが、どのア

イテムをどのくらい製造するかという点に関して、受注データや原材料発注データ、在庫データなどを管理・活用できるシステムの導入を提案する。各種データが分散していたりデジタルデータでなかったりする場合には、データの整理・集約化を図り、データを自動的に（できるだけ手間をかけずに）利活用できるシステムを導入することについても提案する。

　こうしたシステム導入をサポートする機関（ベンダー等を含む）の紹介や、専門人材採用・活用の紹介などを行い、必要があれば融資を提案する。

　また、カスタマイズや小ロット多品種の製造形態に対応する製造体制の構築を進めるために、職人の技能・ノウハウのマニュアル化や製造工程の見直し、作業の分担・専門化などの取組みを促す。システムのデジタル化や製造ラインの導入等が必要であれば、設備資金の融資の提案を行う。

〈収集すべき情報の例〉

　生産性の向上およびカスタマイズや多様化する顧客ニーズに応えられる製造を実現するには、製造管理や在庫（原材料・仕掛品・完成品）管理は必須となる。上記のような提案にあたって、受発注や在庫に関するデータはどのような状態になっているかを確認する。見込製造も行っていることから、どのようなことを根拠に見込製造量を決めているか、だれがどう判断しているか聞き取る。

　各直営店や各催事の販売データの状態についてもヒアリングし、適切なラインナップ・バリエーションであるか、どのような管理体制になっているか確認する。

## ●課題２に対する提案例

　情報発信のチャネルや手法を段階的に拡充していくことを提案する。

　例えば、まずHP内に、既存顧客に向けた専用ページを設け、代表者が思う自社製品の魅力を発信していく。具体的には、職人による製造の様子や製造過程の動画、様々な角度から撮影した製造現場の写真などを掲載して、製品に関するストーリーや裏側等を見せて、顧客が製品イメージを持ちやすくする。

　次に、課題１の製造体制や在庫状況などを踏まえて、ターゲットに合わせたSNS等によって幅広く情報を発信し、デジタルマーケティングを活用して新規顧客を獲得していくことをアドバイスする。

　そして、郵送による案内を廃止し、ペーパーレス化や郵送費・手間の削減の効果が狙えるデジタル発信の有効活用の手法を紹介するとともに、自社HPや大手通販サイトを通じた販売・代金決済を実施することをアドバイスする。

　すでに取引のあるHP制作会社クローに対し、HPのリニューアル・機能拡充を相談することをアドバイスする。場合によっては、SEOのコンサルタントや新しいHP制作会社等を紹介したり、必要に応じてデジタル化にかかる資金を融資したりする。

〈収集すべき情報の例〉

　上記のような提案にあたって、現在のHPの改訂はだれがどのくらいの労力を割いて行っているか、郵送での案内はどのような内容でだれが作成しているか、どのくらいの量を送付し郵送費はどのくらいかかっているかなどを確認する。

　HPやSNS、インターネット等に関する知識や能力の程度によって、

自前で対応するか業務を委託するかが変わってくる。

　また、主たるターゲット層をどのように考えているか、ターゲット層が10代・20代・30代によって適したSNSは異なるので、どのSNSを選択するかしっかりと聴取する。

●**課題3に対する提案例**

　ネット販売やSNS等の活用に懐疑的である代表者の意識変革のために、デジタル化やDX推進の必要性を説明する。デジタル化やDX推進の仕方が分からないこともあるので、チラシ等を使って案内する。担当者自身ができないようであれば、本部の専担部署の同行訪問か、外部専門家や外部のサポート機関の力を借りて、説明してもらう。行内で開催されるセミナーや様々な機関で実施されているセミナー等の案内や専門家との面談を提案する。

〈収集すべき情報の例〉

　上記のような提案にあたって、まずネット販売やSNS等の活用に対する代表者の不安は何か、ネット販売やSNS等そのものが不安なのか、それらを使いこなす人材や能力等の確保に不安があるかについて確認する。また、代表者以外の従業員のデジタルや情報に関するリテラシーなどについて、どの程度の水準か、従業員に対する教育も必要か、確認する。

　解説

　本問で登場している事業者は、自社製品へのこだわりが強く、製品提供力の弱さが垣間見えます。このようなことから、商品やサービス、その提供方法に関するマーケティング戦略を策定するのに、

　有効な4Pが重要になります。

　4Pを行うことで、商品性・価格・プロモーション・流通の強みや弱みが見えてきます。分析結果から、課題や解決策の仮説ができ、さらに情報収集を重ねることで明確化してくるものです。

　主な課題としては、製造力とプロモーション、代表者のデジタルへの理解不足が挙げられます。事業や業務に目を向けると、データの管理活用や人材にも課題があることが想定できます。

　金融機関としてできる提案がすべてDX推進に通じるわけではありません。ただし、多くの課題をDXで解決することはできます。

　DXに関連する提案を実施する際には、デジタル化の３段階（デジタイゼーション・デジタライゼーション・デジタルトランスフォーメーション）のどの段階にいるか把握する必要もあるでしょう。代表者の意識・認識とともに、デジタル化が進んでいる分野・業務範囲・導入システムなどをヒアリングすることが重要になります。

　この事業者では、あまりデジタル化が進んでいないことが想定されます。存在するデータの形態はどのようになっているか、デジタルデータがあった場合はそれを活用しているか、活用できる状態になっているかといったことを把握していく必要があるでしょう。

　また、デジタルデータを取り扱う人材の問題もあるかもしれません。内製化するか、外注するか、資金繰りも踏まえてヒアリングします。

　Xの部分であるトランスフォーメーションに関しては、代表者の意識がないことから、Xの必要性を認識してもらったうえで、何を目的として変革するかを明らかにしていくことが重要です。

　そこから、会社全体を変革する必要があるか、どのような体制で

変革に臨むか、変革するのにデジタル技術をどう活かしていくか、金融機関としてはどうDX支援していくかを、しっかりと考えて提案します。

　担当者自身ですべてを考えて提案できれば理想的ですが、それが困難であれば本部の専担部署や外部機関とうまく連携して支援しましょう。

■DXの構造イメージ

デジタルトランスフォーメーション
（Digital Transformation）
組織横断／全体の業務・製造プロセスのデジタル化、
"顧客起点の価値創出"のための事業やビジネスモデルの変革

デジタライゼーション
（Digitalization）
個別の業務・製造プロセスのデジタル化

デジタイゼーション
（Digitization）
アナログ・物理データのデジタルデータ化

※「DXレポート2（中間取りまとめ）」をもとに作成

# 取引先の
# DX推進はこうして
# サポートしよう

# 1 取引先に寄り添って 社会課題を乗り切るための DX支援を！

　経済産業省では、2023年より「デジタルライフライン全国総合整備実現会議」を開催しており、企業や自治体、学識者、関係省庁等が参画しています。この会議は、人流クライシスや物流クライシス、災害激甚化といった社会課題を解決するために、自動運転やドローン、AIといったデジタルの恩恵を全国津々浦々に行き渡らせる「デジタルライフライン全国総合整備計画」を策定することを目指し実施しています。

　策定された計画は、2024年度より実行されてきており、10年ほどをかけて社会に実装する予定になっています。

　これは、官民が保有するデータを横断的に連携し、新たな価値を創出する取組みでもあります。直面する社会課題の荒波を乗り越えるには、行政が社会基盤を作ることも必要ですが、それだけでは十分ではなく個人も法人も社会基盤の変化に合わせて変革していかなければなりません。

　デジタルライフラインの構築に合わせて、企業は自社が持つデータをどのように連携させて、どのような商品やサービスに展開するかを検討して計画・実行していくことが必要になります。そうした取組みを行う前提として、自社が持つデータを確認して、データ分析にかけるデータを洗い出し、マーケティング戦略・施策等の立案に利用するといった行動を進展させます。このような行動にあたっ

■図表1　デジタルライフライン全国総合整備計画の検討方針
〜自動運転やAIの社会実装を加速〜「点から線・面へ」「実証から実装へ」

### デジタルによる社会課題解決・産業発展
**人手不足解消による生活必需サービスや機能の維持**

| 人流クライシス | 物流クライシス | 災害激甚化 |
|---|---|---|
| 中山間地域では移動が困難に… | ドライバー不足で配送が困難に… | 災害への対応に時間を要する… |

### アーリーハーベストプロジェクト
**2024年度からの実装に向けた支援策**

| ドローン航路 | 自動運転車用レーン | インフラ管理のDX |
|---|---|---|
| 150km以上 埼玉県秩父エリア等 | 100km以上 駿河湾沼津−浜松等（深夜時間帯） | 200k㎡以上 関東地方の都市等 |

### デジタルライフラインの整備
**ハード・ソフト・ルールのインフラを整備**

| ハード | ソフト | ルール |
|---|---|---|
| 高速通信網 IoT機器等 | データ連携基盤 ３D地図等 | 認定制度 アジャイルガバナンス等 |

出典：State Dept./S. Gemeny Wilkinson

出典：Maxar｜Source:Airbus,USGS,NGA,NASA,CGIAR,NLS,OS,NMA,Geodatastyrelsen,GSA,GSI and the GIS User Community｜国土交通省都市局都市政策課

ゴール設定／環境・リスク分析／評価／システムデザイン／外部システムからの影響／適用／外部システムへの影響
例：アジャイル・ガバナンスの二重サイクル

### 中長期的な社会実装計画
**官民による社会実装に向けた約10ヵ年の計画を策定**

計画のイメージ
（箇所／距離）
実装したデジタルライフラインの総延長
実装地域数
2024 2025 2026 2027 2028 2029 2030 …（年度）

先行地域（線・面）
国の関連事業の
1 集中的な優先採択
2 長期の継続支援

※「デジタルライフライン全国総合整備実現会議」第１回事務局資料（方針案・論点）より抜粋

て、企業におけるDX推進が必要不可欠になるわけです。

## 状況に応じて適切にアドバイスする

金融機関には、取引先へのDX支援が求められています。各担当者は、取引先のビジネスを理解して課題を把握し、解決策を提示・提案することが重要となります。それには、経営者と目線を合わせて話を聞き、ときには先導するように対話し、アドバイスすることも大切です。

当然、取引先が取り扱うデータの分析やマーケティングの内容について理解できないと支援にはつなげていけないでしょう。データ分析やマーケティングの知識を持って、データ分析とマーケティングを掛け合わせて実施することの有効性や、その工程からどんな情報が得られるかも理解しておかなければなりません。

金融機関の担当者は、DX支援にあたって以下のような対応を行うことが考えられます。

---

・取引先の事業内容や課題を把握するためにヒアリングを行う
・データ分析やマーケティングの具体的内容や進捗等を把握する
・取引先のデータ分析やマーケティングの取組みを支援する

---

これまでデータ分析やマーケティングを活用してこなかった取引先は、下記⑦～⑤のようなことを始めていかなければなりません。金融機関の担当者は、状況に応じて適切にアドバイスするとよいでしょう。

### ⑦知識を習得する

従業員がデータ分析やマーケティングの知識を身につけることで、

データに基づいた意思決定や新たなビジネスの創出が可能になります。

### ㋺ツールを導入する

データ分析やマーケティングのツールを導入することで、データの収集・分析・活用を効率化することができます。

### ㋩外部専門家を活用する

データ分析やマーケティングの外部専門家を活用することで、戦略・施策の実行の高度化を図ることができます。プロジェクトを専門家と従業員が一緒に進めることになるので、従業員のスキルアップも望めます。

### ㊁外部データの連携とともに有効活用する

これまで内部のみで運用していたデータも、外部データとの連携によって様々な情報を得ることができます。

## 競争力の強化も可能に

また、データ収集・分析によって以下㋐～㋒のようなことが実現できます。

### ㋐データに基づいた意思決定を行う

データを収集・分析し、その結果をもとに意思決定を行うことができます。経験や勘に頼った判断ではなく、データに基づいた（裏付けがある）経営に変革します。

### ㋑新たなビジネスやサービスを創出する

データやそれらの分析を通じて、新たなビジネスやサービスのアイデアを発見することができます。また、既存のビジネスやサービスをデータに基づいて改善することもできます。データの組み合わ

せによっては、これまでのサービスを活かしつつ、新たな事業への参入も可能になります。

**㋒競争力を強化する**

　顧客データやマーケット情報等を有効活用することで、顧客のニーズを的確に把握し、顧客満足度の向上を図ることができます。それによって、商品やサービスの改善もできれば、競合他社との差別化を図ることができます。

　また、データに基づいたDXによって、以下のようなことが実現できます。

> ・顧客の購買データや行動データを分析し、それまでにない新しい商品やサービスを開発する
> ・マーケティング施策の効果をデータに基づいて分析し、効果的な施策を継続的に実施する
> ・データ分析の結果から、業務の効率化やコスト削減を図る

# 2 こんなことが実現できる！「データ分析×マーケティング」

データ分析とマーケティングを掛け合わせることで、以下のようなことが明らかになります。

---

①顧客のニーズや課題
②競合他社との差別化ポイント
③新たなビジネスチャンス

---

「データ分析×マーケティング」によって、どのようなことが可能となるのか、①〜③それぞれについて具体的に見ていきます。

## ①顧客のニーズや課題を把握する

顧客の購買履歴や行動履歴などのデータを収集・分析することにより、顧客のニーズや課題が把握できます。それが、新しい商品やサービスの開発の源になります。

例えば、ECサイトを運営している企業は、顧客の購買履歴を分析することで、顧客がどのような商品やサービスを好んでいるかを把握できます。また、顧客の行動履歴を分析することで、顧客が商品やサービスを検索する際にどのようなキーワードを使っているか、商品やサービスの購入に至るまでどのような行動をとっているかを知ることができます。顧客の趣向や傾向等を明確にすることで、取扱商品・サービスの弱点や改善点をあぶりだせますし、場合によっては新商品・サービスを開発することにつながるかもしれません。

## ②競合他社との差別化ポイントを探る

　競合他社の商品やサービス、マーケティング施策などを、根拠のあるデータをもとにマーケティングすれば、他社の強み弱みとともに明確な指標や判断基準等を把握できます。これにより、競合他社との差別化のポイントを探り、自社の強みを打ち出せます。

　例えば、BtoBのソフトウェアを販売している企業が、競合他社のソフトウェアの機能や価格などを分析することで、競合他社のソフトウェアの強み弱みが分かり、マーケットでの存在意義や将来の方向性などを見通すことも可能です。合わせて、時系列の販売推移や業種ごとの利用状況等のデータが把握できれば、それをもとにデータ分析を行って、自社のソフトウェアの強みを生かした営業戦略を立てることもできます。

　競合他社のマーケティング施策を分析することで、自社のマーケティング施策との差別化ポイントを探ります。自社のソフトウェアの強みを前面に打ち出した販売を行うのであれば、例えば競合他社が攻略しきれていないマーケットに向けた、重点プロモーションが効果的であると判断できます。

## ③新たなビジネスチャンスを発見する

　データ分析とマーケティングを掛け合わせることで、新たなビジネスチャンスを発見することができます。

　例えば、小売業者が顧客の購買履歴データを分析することで、顧客がどのような商品やサービスを組み合わせて購入しているかといった傾向を把握します。また、顧客の行動履歴データを分析することで、顧客が商品やサービスを購入する際にどのようなきっかけで購入に至っているかを確認します。これらの情報と取扱商品・サー

ビスをもとに、マーケティングを行います。例えば、ECサイト上で顧客の体験を通じて最適な商品やサービスを打ち出す販売方法ができれば、新たなビジネスチャンスを発見できるかもしれません。

## 新たな可能性を生み出す入り口となる

データ分析とマーケティングを掛け合わせることで、DX推進はスムーズに進み、以下㋑〜㋩のような効果を得られます。

### ㋑データに基づいた意思決定が可能になる

DX推進に伴って、データをもとに顧客のニーズや課題を把握できるようになった場合、効果的な経営戦略やマーケティング施策が策定できます。データという裏付けがあることで、意思決定や判断がスムーズになるのです。

### ㋺新たなビジネスやサービスの創出が可能になる

DXにより、新たなビジネスやサービスの創出が可能になることで、新たな市場を開拓し、成長を加速させることができます。

### ㋩競争力の強化が可能になる

DXによって、競争力の強化につながれば、競合他社との差別化を図り、生き残るための施策を展開し続けることもできるでしょう。

# 3 取引先の外部・内部環境を把握する方法

## 1 取引先の外部環境の調査とヒアリング

### ①各種メディアを活用した調査

　数多くの取引先の経営環境を把握するには、効率性を意識せざるを得ません。メディアの活用にあたっても、できる限り回り道せずに欲しい情報にたどりつくことを意識するとよいでしょう（**図表2**）。

　メディアを活用した調査の目的は、取引先への接触・面談に先立って業界などを取り巻く前提知識を得ることです。取引先のDX推進に協力するためには、取引先の置かれた経営環境の理解が不可欠であり、公開情報を参照することはその必要条件と理解しましょう。

　例えば、被服製造・販売業界に属する取引先へのDX支援を検討する際に、ユニクロやしまむらのDXを研究・考察しても、必ずしも有効になるとは限りません。それら大手の事業規模が、取引先と乖離し過ぎている可能性があるからです。

　一方で、取引履歴の長い取引先については、「以前、こんなことを聴いた」「こういう状況にあるに決まっている」等の先入観に支配され、現況を認識できていない可能性もあります。したがって、ホームページや会社案内など、取引先自身の公開情報を丹念に読み込み、役員・事業所所在地・主力商品・売上・従業員数などの現況を更新してください。参照時に、情報の発信（更新）時期に着目することも、支援につながります。これらが図表2にある①です。

　そのうえで、稟議書や渉外日誌などに記載されている取引先の情

■図表2　経営環境にまつわるメディアの活用手順

| 順次実施 | ㋑取引先の（最新の）公開情報を参照する<br>㋺取引先の保有個別情報を参照する<br>㋩公的セクターからの発信情報を参照する<br>㋥業界団体等からの発信情報を参照する<br>㋭商業メディアからの発信情報を参照する |
| --- | --- |

報を参照してください。他者が作成・記録した情報のうち不明確な箇所は、当時を知る上席者などにたずねるほか、必要に応じて当時の作成者にもたずねてください。これらが㋺です。

　その後、官公庁など出所が明確で情報の品質が担保されている情報にあたり、さらに業界団体などの数値や主張などを確認してください。『業種別貸出審査辞典』（金融財政事情研究会）などの末尾に、業界団体の連絡先なども記載されています。これらが㋩・㋥です。

　商業メディアに接するのは、その後で構いません（㋭）。「まず、ネット」ではなく、手順を踏んで疑問点を消していってください。

## ②取引先から取り巻く外部環境を聴き取る

　公開情報で業界を取り巻く環境などを理解した後には、いよいよ取引先の実権者から取引先自身の外部環境を聴取する工程に移ります。できる限り効率よく進行させることが先方にも有益ですので、それを意識した手順とするとよいでしょう（次ページの図表3）。

　企業で最も多忙なのは実権者であり、それゆえに当然ながら、時間は何より貴重です。したがって、できるだけ少ない回数・短時間で実権者からの把握を終えるため、事前に訪問・支援目的を伝え、理解や協力を求めておくことが肝要です。そうすることで、裏付資料の調達・作成などを含む先方の事前準備も期待できます。諸準備

■図表3　取引先からの外部環境の聴取手順

順次実施

㋑実施目的を伝達し協力を要請する
㋺事前調査結果を開示し考察結果を伝える
㋩実権者の意見を聴取し漏れなく記録する
㋥聴取内容に沿った情報還元を約束する

などの所要時間を考慮して、面談希望日まで相応の日数を空けることにも意識します。これらが図表3の㋑です。

　その際に、前項①で理解した公開情報からの知見・考察などを簡単な文書などに取りまとめ、聴きたい項目・内容などとともに事前に交付しておくことも有効です（㋺）。多忙な実権者ゆえ、必ずしも速やかに漏れなく業界を取り巻く実情を更新し続けているとは限りませんし、文書の参照を通じて自社を取り巻く環境を整理する一助にもなります。

　もちろん、「事前に時間を割いてきちんと調べて考えている≒支援に熱心であり相応の効果が期待できる」というアピールにもつながり、関係を円滑化・強化させる契機にもなります。

　事前調査結果などを得意げにコメントして自説に酔う担当者を見ることも珍しくありませんが、率直に言って見苦しいばかりです。当然ながら、実権者側のコメントを「聴き切る」姿勢が肝要です（㋩）。実権者の説明の流れを中断させないためには、聴いた際に分からない専門用語や短縮語などをカタカナでメモし、一段落してからまとめて質問するとよいでしょう。

　このような段階を経た後、どのような情報還元を希望されるかを聴取し、可能な限り還元（返答）期限を約束するとよいでしょう（㋥）。

　ただし、取引先の実権者が自社を取り巻く環境の変化を必要十分

■図表4　外部環境の変化にまつわる着眼点の例

| 切り口 | 概要 |
|---|---|
| 研究開発税制見直し<br>（2023年度税制改正） | 一般試験研究費の税額控除において下限を1％に引き下げ、上限を14％に引き上げて適用期限を3年間延長 |
| 2024年問題<br>（働き方改革関連法施行） | 自動車運転業務の年間時間外労働時間の上限が960時間に制限 |
| 外国為替相場動向 | 米欧との金利差を背景とした円安基調への移行 |
| 原油価格相場動向 | 給油所小売価格調査では、2023年9月4日のレギュラー・現金・全国平均価格が15年ぶりに史上最高値を更新 |
| 地価動向 | 2023年9月の基準地価では、全国（全用途）の数値が2021年から3年連続で上昇 |
| 2021年問題<br>（若年人口減少に伴う採用難） | 2022年以降、22歳人口が毎年数万人ずつ減少 |

に認識できているとは限りません。常に顧客ニーズは変化し続け、競争相手も現れ続けます。場合によっては、実権者が「金融機関に弱いところは見せらない」あるいは「実際を伝えれば銀行に融資を引き揚げられかねない」等の警戒心を抱くことも考えられます。取引期間が長く、過去に金融機関から融資条件の見直し等を要請した先では、そうした経緯を忘れないこともあります。

　よって必要に応じ、実権者の緊張感をほぐしつつ、外部環境の変化を図表4のような例示とともに説明し、事業への影響を聴取します。単なる時候の挨拶や、すぐに忘れるような話題だけで終えないようにするには、できるだけ直近のデータとともに、具体的な影響や対策などの情報を提供することを意識するとよいでしょう。

【投げかけトーク例】

㋐「御社では、相当数の製品・半製品を陸送されていますが、輸送委託先からの運賃値上げ要請にどう向き合われていますか。同業

他社の事例では、2023年４月からの月60時間の割増賃金率の50％
引上げ時に、鉄道・船への置換えを行った例もあるようです」

㋑「昨今の人手不足・採用難の状況の中、業界団体からの支援策に
はどのような変化がありましたか」

㋒「エネルギーなどの具体的なコスト上昇実態の把握や価格交渉に
どう向き合われていますか。同業他社では原価に占めるエネルギ
ーコストを試算し、納入先との交渉に活用もされているようです」

## 2　取引先の内部環境の調査とヒアリング

### ① 「ヒト」の把握

　我が国の企業の圧倒的多数はいわゆる同族企業であり、資金繰り
に直結する金融取引を実権者や親族に限定している姿が、ごく平均
的でもあります。その一方で、人には必ず寿命があるため、事業を
続ける限りは後継者が必要になります。

　経営に関する情報はどうしても実権者や親族に集約されるため、
従業員との間で情報の非対称性が生じます。それが、両者の不和を
引き起こすことも珍しくありません。そもそも、経営者側は人件費
を引き下げたいですし、従業員側はその逆でもあります。

　したがって、取引先の構成人員を巡る環境については、まず実権
者から採用・育成・登用等の課題や問題点を聴取したうえで、次に
従業員側から人員上の課題や問題点を聴取するという、複数の立場
から目線を変えて把握するとよいでしょう。感情的な批判の尻馬に
乗るとトラブルに巻き込まれかねないため、「どうすれば改善でき
るか」という視点で聴取します。

■図表5　設備の投資・活用状況把握時の着眼点の例

| 切り口 | 主な検証事項 |
|---|---|
| 陳腐化 | ・すでに古くなっていないか<br>・稼働時に危険はないか<br>・環境に負荷を与えていないか |
| 過不足 | ・性能や台数は充足しているか<br>・使用しない・使い切れない設備や機器はないか |
| 利用実態 | ・実際に何人が設備や機器を動かせるか<br>・どんな業務にどう活用しているか |
| 手順書 | ・利用マニュアル等は漏れなく揃っているか<br>・マニュアルは分かりやすい内容となっているか |
| 設置形態 | ・購入かリース・レンタルか<br>・設備や機器が動線を遮断していないか |

## ②「モノ」の把握

　DXの機能化には、適切な設備投資とその設備の有効活用が欠かせません。ただし、投資した設備が故障なく動けば、業績が伸張するわけでもありません。よって見方を変えれば、DXの成否は設備をいかに有効に稼働させられるか否かであるともいえるわけです。

　経営資源のうち「モノ」の把握には、設備の投資・活用の状況を聴取することが有効です。経営課題を実権者側とも共有するため、聴取目的を明確に伝えたうえで、忌憚ない実情説明を受けられるように調整し納得してもらうことが肝要です。図表5のような切り口で聞き取りを開始することが有効といえます。

　大型で高額な設備の陳腐化などを聴くと、ついつい設備資金ニーズがちらつくでしょうが、まずもって全体像を把握し、支援の優先順位を踏まえて対応します。支援は、融資応諾だけではないのです。

### ③「カネ」の把握

　信用調査機関大手の東京商工リサーチからは、新型コロナの感染拡大時期を跨いだ2019〜2021年に倒産に至った事業者のうち、直近決算が黒字だった事業者は4〜5割を占めるという報告が出されています。こうした実情からも、資金繰りは企業の生死に直結することを思い知らされます。

　決算書や試算表等を受け取ったことで、「預金・借入金や資金繰りの全体像が把握できたので、これでいいだろう」という意識にもなりがちです。それでは不十分であり、受取り時などに詳しい決算分析に先んじて手元流動性比率を算出し、複数期分からの推移を挙げながら大口受注先等からの売掛金回収条件を聴取することが一案となります。その際の算出式は、**図表6**のとおりです。

　手元流動性比率が伸びている事業者には、不測の事態に備えて設備投資を控えて現金を貯め込む意向があるほか、金融機関から運転資金の借入れなどを行ったことも考えられます。また、新型コロナ禍に、ゼロゼロ融資を受けていることも少なくありません。このゼロゼロ融資については、2023年7月前後から返済が始まる事業者数が多くなっています。

　事業資金の手元流動性に対する認識は事業者の数だけ異なります。「余分な税金を払いたくないので、利益が膨らんだら、設備投資によって圧縮する」という事業者の一方で、「たとえ税金を払ってでも、とにかく内部留保を厚くしておかないと不安だ」という事業者もいます。業界平均などの指標を算出し備えておくとよいでしょう。

　DXによって、例えば納品書・請求書等の送付やデータ突合などを迅速化できれば、売掛債権の回収期間を短期化させる交渉余地が

■図表6　手元流動性比率算出法

手元流動性比率（月）＝ すぐに支払える資金を売上の何ヵ月分保有しているか

$$= \frac{現預金＋有価証券}{年間売上高÷12ヵ月}$$

生まれます。DX推進には相応の投資が不可欠なため、投資余力とともに、事業資金に対する考え方を実権者等から聴取する必要があります。

　新型コロナの感染拡大期に肝を冷やした実権者も多く、ゼロゼロ融資の返済によって流動性が低下することを不安視している向きも当然に想定されます。そうした不安を従業員に知られたくない実権者が多いため、他者と隔離した別室等で、実権者に寄り添う形で丁寧に意向を聴取します。

④「情報」の把握

　事業で取り扱う情報は、グローバル化した世界を駆け巡るヘッジファンドなどの投機資金の動きだけではありません。それよりも大口受注先の人事異動や公的機関での手続きの変更など、より直接的に関係する情報を漏れなく収集・活用する必要があります。

　言うまでもなく、DXの主目的の１つは、情報活用の有効化を突き詰めることにあります。一方で、多くの実務者は、忙しい毎日の中で「いまの人員ではこのやり方で業務をこなすのが精一杯」な実情も見られます。それゆえに「（本来は）どんな情報を活用すると（もっと）業務が効率的に"回る"ようになるか」まで連想できません。

　実際のところ、情報の活用実態には同一業種内の同程度規模の事業者間でも相当な開きが認められ、それが業績の差異の要因の１つ

■図表7　情報活用のあり方と実像のイメージ

| 理想像「本当はこうありたい」 | 実像「この状況にとどまっている」 |
|---|---|
| ●こんなことに活用できる情報を収集したい・こんな情報が欲しい<br>●こんな人にこう収集させたい<br>●早く・詳しく・安く収集させたい<br>●還元・格納の手間を省きたい<br>●もっと多くの従業員に情報を活用させて業績を伸ばしたい | ●だれがいつどこからどんな情報を収集し<br><br>●収集情報をいつどんな還元・記録・格納形態で共有し<br><br>●それを見ただれがどんな形で活用しているか |

しかし…

となっていることも珍しくありません。ICT技術の進展により、だれでも簡単に数多くの情報に接することができるようになりましたが、真贋入り混じった「情報の洪水」の下で、それを選別する負担も生じるようになりました。

　それゆえに、取引先の実権者や実務者が、活用余地の広い情報の存在や価値を理解できていない可能性も少なくありません（図表7）。取引先の特に重要な経営課題を確定する意味でも、内部環境の中で優先的に把握すべき事項です。

　取引先との面談時などにコメントを得ることも、技術革新や競合他社の新商品・サービスなどを新聞や業界誌などから得ることも情報収集にほかなりません。日常業務としてどんなことが行われているかを把握するとよいでしょう。言うまでもなく、情報機器などの活用実態を併せて聴取・把握することを意識してください。

## ⑤「カルチャー」の把握

　例えば証券会社の企業風土には、「明るく積極的で柔軟」な長所と「独りよがりで品性を欠く」短所が見受けられます。同様に、預

■図表8　企業・組織風土を把握するための主なポイント

| 題材・情報源等 | 活用・照会事項等 |
|---|---|
| 社是<br>（または経営方針等） | どのような考え方で作成・掲示されているか |
| 行事 | 日々の挨拶・朝礼（夕礼）・歓送迎会・旅行・研修の様子 |
| 社史 | 往時のどんな決断が現在の業況をもたらしているか |
| 製品案内 | どのような点を最も訴えようとしているか |
| 中途採用者の声 | どんな点に驚いたか・違和感があったか・良いと思ったか |
| 派遣会社・<br>転職支援会社等の声 | 「どんな企業・組織風土か」との照会にどう答えているか<br>／どんな由来や判断根拠からそう答えているか |

貯金取扱金融機関には、「礼儀正しく丁寧な」長所と「慇懃無礼で融通が利かない」短所が見られます。

　このような企業・組織風土は、良し悪しの絶対的な基準がない一方で構成員が入れ替わっても根強く残り、事業の成果にも正負双方の影響を与え続ける特徴があります。

　よって取引先のDX推進の際にも、企業・組織風土を把握できれば、長所を伸ばして短所を補う一助となります。単なる雑談や評論としないためには、材料（ツール）に沿って照会することや、情報源の幅を広げることが一案となります（図表8）。

## 社是や行事等に注目する

　まずは社是などに注目してみてください。経営者向けのセミナーでは、「それをいかに従業員に浸透させるか」などを題材とした講義も少なくありません。有無に加え、「だれが作ったのか」「どんな考え方で作ったのか」「意思決定などにどう影響を及ぼしているのか」などがカルチャーを理解するうえで有益です。

　企業・組織風土は、行事などに如実に反映されます。出社時に役

員1人ひとりが漏れなく社長に挨拶に行く企業がある一方で、従業員が黙って出社して周囲にも何も言わず黙って退社する企業も見られます。このようなカルチャーを聴取すると、返答内容が人間関係にまで広がることも珍しくありません。

　高校・大学などを卒業した後すぐに入社した従業員や、親族などが経営する企業に入社した従業員・経営者の場合には、組織・企業風土にそれほど違和感を抱かないことも珍しくありません。よって、中途採用者の声を聴くことが有効ですが、人には長所に先んじて短所に目が行く特徴もあるため、短所だけでなく長所もたずねます。

　人材派遣会社などからの聴取も有効ですが、取引先に「金融機関からこんなことを聴かれた」と伝わる可能性があるため、先に取引先に聴取の了解を得てから実施します。

## ⑥「ノウハウ」の把握

　事業者にとって不可欠な信用の裏付けの1つに、安定的な金融取引が挙げられます。それゆえに、取引先の実権者や経理担当者などが、たとえ直接口には出さずとも、金融機関に相応に気を遣っていることは珍しくありません。資金繰りに窮した際に、運転資金の借入依頼を行う可能性があるだけでなく、金融機関との関係自体が「あそこは取引を打ち切られたらしいが大丈夫か」等の風評をもたらしかねないためです。

　よって、金融機関からDX支援の申し出が寄せられた際にも、「不用意に揉めないほうが良い」「できるだけ依頼に応じて花を持たせたほうが良い」等の忖度が働くことが少なくありません。すでに融資取引のある事業者であれば、なおさらのことでしょう。

　一定の業歴のある事業者では、様々な分野について実務に則した

相当数のノウハウを保有しています。DX推進に伴い、こうした保有ノウハウの共有化や活用を促進させることはとても有益です。そのノウハウ自体が競合他社に対する差別化の源泉にほかならず、真似されれば死活問題となりかねないことに注意が必要です。

## 実権者の警戒心にも配慮する

近年は人材が著しく流動化されている時代です。そうした中、移籍した回転寿司チェーンの経営者や、総合商社社員の営業秘密の不正持ち出しが事件化もしました。それゆえに、事業者内でもノウハウの保有者をあえて絞り込むことで、万一の外部流出に備えていることも少なくありません。

DXによるノウハウ共有という大義名分には納得できても、「金融機関に教えることで同業他社など外部に流出しかねない」という警戒心も取引先にはあるでしょう。そのため、実権者等に「ノウハウを把握させていただきたい」と切り出すこと自体に相応の緊張感をもって臨んでください。以下の2点にも留意しましょう。

### ㋑対象分野を特定する

取引先の持つノウハウには、保有する特許技術などのほか、従業員が個人的に保有するコツなどもあります。すべてのノウハウを把握することは現実的ではなく、前述したような実権者の意向も見込まれます。このため、把握対象とするノウハウについて実権者と合意してから、了解・協力の下で効率的に聴取します。

### ㋺（必要に応じて）守秘義務契約等による安心感を与える

「顧客との取引過程で取得した顧客に関する情報をみだりに第三者に開示しない」という金融機関の守秘義務は、法定化されてはいな

いものの、各取引契約からその付随的・補完的義務として当然に負っていると解されます。しかしながら、それだけでは不安が残ると考える実権者等に対し、ノウハウに係る守秘義務契約を別途締結することが一案となります。法人としての金融機関だけでなく、担当者が個別に秘密保持契約を締結することもできます。

## 3 外部・内部環境を踏まえて課題を把握しよう

### ①取引先の課題をどのように仮説すればよいか

　事業にかかる費用は、賃料や原材料費などはもちろん、電気代・人件費・公租公課など、枚挙に暇がありません。金融実務に日々向き合う中では、「リスク＝国内外金利や外国為替相場の変動」と一律に捉えがちですが、それだけではなく、大部分の取引価格は変動し続けるため事業者が影響を受け続けるのです。

　業種を問わず事業とは「（あらゆる）リスクを見極めたうえで、一定のリスクを取得して、収益化を図る活動」のことです。金融機関によるDX支援も、その活動の有効化を助ける行為になります。

　リスクは、「（とにかく）危険なもの」「できる限りなくすべきもの」と認識されがちです。しかしながら、金融実務上の信用リスクや金利リスクに代表されるように、事業におけるリターン（収益）は、リスクを取得する対価として得られるものです。例えば、パン屋が販売用のパンを焼く・仕入れることや、調剤薬局が店舗を構える・医薬品を仕入れることは、いずれもリスクの取得にほかなりません。

　よって、事業の収益化・安定化のためには、経営体力を踏まえたうえで、取得できるリスク量や最適な取得時期を見極める必要があります。外部・内部環境の把握後には、その工程に着目して、どこ

■図表9　リスクを踏まえた事業の工程イメージ

| 工程 | 着眼点等（例示） |
| --- | --- |
| 外部環境の変化が顧客の行動やニーズに与える影響の端緒を迅速に把握し予測する | ●競合先の動きを含む外部環境に対する調査・分析自体が行われているか<br>●参照対象指標や確認箇所などを理解したうえで整理されているか<br>●迅速な把握がなされているか |
| 変化した顧客ニーズと自社の商品やサービスを対比し必要に応じて水準・価格を含む内容の見直しや新商品・サービス提供を行う | ●商品・サービスの見直しや新商品・サービス開発を行うための意志統一や体制構築は名実ともになされているか<br>●対応が必要な事項が認識されつつも何らかの理由で放置されていないか |
| 必要に応じて告知・販売方法も変容させる | ●告知・販売方法の見直しを行うための意思統一や体制構築は名実ともになされているか |
| 顧客の反応を踏まえてリピーター化・メイン化を図る | ●顧客の声を聴取する何らかの仕組みは設定され機能しているか<br>●顧客の声を活かしていることが顧客に伝わっているか |

に課題があるのかを仮説することが有効です（**図表9**）。

　そのような合理的な手順に沿って意思決定を行えている状態が、事業リスクを管理できている状態といえます。環境変化の加速度が増す一方の現代では、事業としての幹は残しつつも、枝葉の部分は柔軟に変えていける事業者だけが生き残りを果たせるのです。

　裏返せば、不十分な進捗管理を含め、そうした体制が構築・運用できていない要因が、取引先にとっての課題にほかなりません。図表9に例示した着眼点に、それまで把握した外部・内部環境を当てはめて対比し、機能していない箇所に「こうした理由があるためではないか」という仮説を立てるとよいでしょう。

②どのように仮説を検証するか

　実権者は迷い・苦しみながらも日々意思決定を行っており、その判断の前提となる根拠や基準を持っています。決して「自分には誤

りはない」と自信満々ではありません。一方で、「相応の学習や経験をしてきた中で勘所は押さえている」「可能な範囲で必要な情報を収集して判断に活用している」と自認していることもあるでしょう。経験はときに先入観をもたらすほか、業歴・在職期間や加齢が「変えたくない」という思考・発想の保守化をもたらします。もちろん、自尊心もあります。

それゆえに、金融機関が取引先の課題について仮説を提示しても、「まぁ、分からなくても無理もない」「素人にはこの業界・業種の理解は難しいだろう」と受け止められることが少なくありません。熱意だけで腹落ちさせられるとは限らないのです。

よって仮説を立てた時点だけでなく、必要に応じて仮説への検証を行ったうえで実権者等に接することが有効です。その際の着眼点には、**図表10**のようなことがあります。

## 検証の際は数値を重要視する

検証のポイントは、数値を参照し、補正することにあります。先入観は、取引先のみならず金融機関の担当者にも少なからずあります。このため、何よりも数値を重要視することが一案となります。例えばアンケート実施時にも、自由記入欄を設けて返答者のコメントから要素を抽出するのではなく、選択返答形式を極力採用し、割合が算出できるようにしておくことが有効です。無記名形式の場合にも、世代・性別・職種などを選択させ、返答との相関性を考察できるようにしておくとよいでしょう。

そもそも、DX支援には取引先の協力が不可欠であり、それに伴って人件費も発生します。よって、金融機関が実施できる定量分析

■図表10　仮説の検証手法の例

| 手法 | 概要・例 |
|---|---|
| データ収集・検証 | ☑ 着目・活用し切れていない公的指標等に着目し、一定期間の変化率等を算出するとともに、参照対象期間の市況や業況の変動等との相関・影響等を検証する<br>☑ 一定期間の競合他社や周辺関連業種の動きを収集するとともに、顧客の評価の声を添える |
| モニターアンケート | ☑ 顧客のほか、必要に応じて匿名を含み、現行商品・サービスに対する評価を依頼する<br>☑ 場合によっては、金融機関の担当者が代わりに顧客等に調査を行う |
| テスト販売 | ☑ 店舗や区域などを絞って見直し後の商品・サービスや新製品などを販売し顧客の反応を収集する |

を優先実施します。その結果を還元し、信頼を得たうえで検証します。

　説得力を高めるためには、出所の不明確なインターネット情報等を使用しないことが肝要です。㋑正確性・信憑性が担保できる公的機関の指標等、㋺業界団体の指標等、㋩新聞社・通信社の指標等を優先して参照し、いつの情報かにも注意します。

　支援は、取引先の課題について仮説を立て、それを検証して実権者等に提示することで終わりではありません。結局のところ、事業者は実権者等の問題意識の有無や程度の範囲でしか変わることはできず、変わらなければ生き残りは難しくなります。よって課題だけでなく、どのような解決策が考えられるかにまで踏み込み、本音で意見交換できる関係を構築することが要になるのです。

# 4 DX支援で有効なツール& 効果的な活用方法

**DXの必要性を案内するチラシの使い方**

　DXの必要性を案内するチラシは、DXの基本的な概念やDX推進が事業上の悩みを解決する手段の１つであること、DXによるメリットなどをまとめたものです。DXについて知らないあるいは誤解している取引先に、その概要を伝えるためのツールでもあります。

　多くの企業は「DXはうちに必要ない」と考えがちです。しかし、現在のビジネス環境ではDXは不可欠であり、競争に勝つためには進化する技術に適応することが重要になります。DXはビジネス上の様々な問題や課題を解決する有効な手段です。これらの点を取引先に伝えて理解してもらえれば、DXへの意識が高まり、積極的な取組みにつながります。

　このようなチラシを経営者に渡すだけでは、机に放置されて読まずに捨てられてしまいかねません。チラシを渡す際には、「最近、巷でよく耳にすることがあると思いますが、DXをご存じですか。実は誤解されている方が多いんです」といった声かけを行います。「知らない」という返答であれば、「少し説明させてください」と言って、チラシを見せながらDXについて説明します。

　「DXはうちに必要ない」といった反応があった場合には、「社長、このチラシにあるようなお悩みはありませんか」などと投げかけてチラシを見せます。たいていは何かしらの悩みがあるはずなので、具体的な悩みが出たときにDXの効果やメリットを説明しましょう。

■図表11　DXの必要性を案内するチラシの例

# このような**お悩み**、ありませんか？

- 残業を減らしたい
- 社内のコミュニケーションが不足している
- 売上が伸びない
- 人手が足りない
- 無駄なコストを抑えたい

## DXですべて解決できます！

**DX（デジタルトランスフォーメーション）とは？**

DXとは、デジタル技術を活用して、ビジネス環境の変化に対応し、競争力を高めることです。簡単に言うと以下の３つの要素に分解されます。

❶ データとデジタル技術を活用する
❷ 顧客ニーズをもとに、ビジネスを大きく変える
❸ 競争上の優位性を確立する

このように、DXに取り組むことによって、企業の課題を解決しビジネスに変革をもたらすことができます。

### DXによるメリット

**1** ペーパーレス化や業務効率化、コスト削減が実現できる

**2** ヒト・モノ・カネなどのリソースが有効利用できる

**3** 素早い意思決定によりライバルに差がつけられる

**4** 社内全体のIT／AIリテラシーが向上できる

**5** 従業員の働き方改革やモチベーションアップにもつながる

**6** 情報漏洩やサイバー攻撃などのセキュリティリスクを軽減することができる

**DXにお困りなら「○○銀行DXサポート推進室」にご相談ください。**

## 2　DXの進め方を案内するチラシの使い方

　DXの進め方を案内するチラシは、DX推進の実施方法についてまとめたものです。どのようなステップで進めていくとよいか、また各ステップでどのようなことを行えばよいか示していることが一般的です。

　中小企業の中には、DXの効果や必要性は十分理解しているが、どのように進めればいいか分からないと二の足を踏んでいるところもあります。このようなチラシを見せながら説明すれば、推進方法の大枠もつかめますし、各ステップを行う目的や方法を伝えることができます。

　「DXには取り組んでいるが、うまくいかなくてね」といった反応があれば、「いま、どのような段階ですか」「どのようなところがうまくいかないのですか」などと、DX推進の状況を聞き取り、アドバイスにつなげていきます。

　DXは難しいと考えている先には、具体的な進め方を提示すれば、安心感と意欲を高めることができます。

　前項1のチラシとこの2のチラシがセットになっていれば、1と2の内容を一連の流れで説明できるでしょう。取引先がDXを理解し、実践するためのガイドラインとして活用することもできます。

　そもそも、金融機関がDX支援を行っていることを知らない取引先もあります。DX推進の際に頼ってもらえるように、金融機関が積極的に支援しており、支援する力があることもアピールしましょう。

■図表12　DXの進め方を案内するチラシの例

# DXのプロセス

DXはこのサイクルを素早く、継続的に取り組むことで企業の成長と変革を促進します。

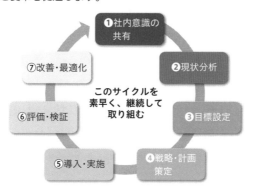

❶社内意識の共有

❷現状分析

❸目標設定

❹戦略・計画策定

❺導入・実施

❻評価・検証

❼改善・最適化

このサイクルを素早く、継続して取り組む

| ステップ | 内容 | 目的 | 方法 |
|---|---|---|---|
| ❶ | 社内意識の共有 | 経営陣や従業員にDXの重要性を理解させる。 | 研修やセミナーを通じて、デジタル技術の利点やDXの目的を共有する。 |
| ❷ | 現状分析 | 自社のビジネスモデルを理解し、現在の課題を明らかにする。 | インタビューやチェックシートなどで調査して、現在の業務プロセスとITの利用状況を評価する。 |
| ❸ | 目標設定 | DXを通じて達成したい主要目標（KGI）とパフォーマンス指標（KPI）を設定する。 | SMART（Specific、Measurable、Achievable、Relevant、Time-bound）な目標を設定し、それに基づいてKPIとKGIを定義する。 |
| ❹ | 戦略・計画策定 | 現状分析と目標設定をもとに、DXの具体的な戦略と実施計画を策定する。 | 期間、リソース、技術、およびリスクを考慮して、明確なアクションプランを作成する。 |
| ❺ | 導入・実施 | 新しいシステムやツールを導入し、業務プロセスを改善または変革する。 | プロジェクト管理のベストプラクティスを適用し、関係者と連携しながら推進する。 |
| ❻ | 評価・検証 | 設定したKPIをもとに、DXの効果や成果を評価し検証する。 | データ分析やフィードバックを通じて、目標の進捗を定期的に評価する。 |
| ❼ | 改善・最適化 | 評価と検証の結果をもとに、継続的な改善や最適化を実施する。 | 定期的にレビュー会議を実施し、改善点や新しい技術の導入を検討していく。 |

291

## 3 取引先の状況・課題を把握するシートの使い方

　多くの金融機関では、取引先の経営課題やDXの現状等を詳細に把握するためのシートを用意しています。主な記載内容は、現状の経営課題やDXの目的、DXを推進する想定分野、取組状況、DXで目指す姿、想定予算などを明確にするチェック欄や記載欄で構成されています。

　これに記載してもらう際には、説明しながら一緒に内容を埋めていくとよいでしょう。相手がどう記載すればいいか悩む場合は、どのようなことを記載すればよいか具体例を示しながら、あるいはヒアリングでリードしながら記載を促します。場合によっては、金融機関の担当者が現状の課題や非効率な業務などをヒアリングしながら、自身で埋めていく方法をとってもよいと思います。まだ具体的に決まっていないことがあれば、決まり次第、順次記入して埋めていけばよいでしょう。

　取引先が漠然と考えていたことや、DX推進ではどのようなことが重要なのかということを明確化することに役立ちます。また、金融機関が支援策を考えるうえでも大事な情報です。シートの内容を分析することで、どのような提案が取引先にとって最適かが明確になります。本部へのトスアップやベンダー等外部機関の紹介につなげる場合にも必要な情報といえます。

　記載内容を取引先と共有することで、双方の理解が一層深まり、より成果を上げやすい協力関係を築くことができます。

■図表13　事業の現状・課題を把握するシートの例

会社情報をご記入ください。　　　　　　　　　　　　　記入日　　年　　月　　日

| 会社名 | | 代表者名 | |
|---|---|---|---|
| 所在地 | 〒 | | |
| 業種 | 農業・林業・漁業／卸売業／小売業／製造業／建設業／運輸業／サービス業／保険・金融業／不動産業／飲食業／その他（　　　　　　　　　） | | |
| 事業概要 | | | |
| 資本金 | 1千万円以下／〜5千万円／〜1億円／〜3億円／〜3億超／個人事業 | | |
| 従業員数 | 5人以下／〜20人／〜50人／〜100人／〜300人／300人超 | | |
| 担当者 | 氏名：　　　　　　　電話番号：　　　　　　Eメール： | | |

現状や課題について詳しくご記入ください。

| | |
|---|---|
| ❶ | **現状の経営課題**<br>☐事業規模拡大　　　　　　　　　☐新規製品・サービスの創出<br>☐既存製品・サービスの価値向上　☐競争力・収益力の向上<br>☐納期短縮や業務の効率化　　　　☐コスト削減　　　☐人手不足解消<br>☐人材育成　　　☐現行システムの老朽化　　　　☐その他（　　　　　　） |
| ❷ | **DX化の目的（実現したい新たな価値、解決したい課題など）**<br><br> |
| ❸ | **想定している分野（複数選択可）**<br>☐営業・マーケティング　　☐販売　　　☐製造・生産　　☐購買<br>☐物流　　　☐財務・経理　　☐総務・人事　☐情報伝達・共有<br>☐人材育成　☐顧客管理　　☐リスク管理　☐環境対応　　　☐省エネ<br>☐経営戦略・事業計画　　　☐設備　　　☐その他（　　　　　　　） |
| ❹ | **現状の取組状況（現在利用しているデジタル機器やアプリ・ソフトウェアなど）**<br><br> |
| ❺ | **DX化による目指す姿（実現後のゴールやイメージなど）**<br><br> |
| ❻ | **想定予算（導入時と1年間維持費用）**<br>☐〜100万円　　☐〜300万円　☐〜500万円　　☐〜1,000万円<br>☐〜3,000万円　☐〜5000万　☐〜1億円以上　☐未定 |
| ❼ | **対象規模（顧客数、商品数、取引数、製品数、部品数など）**<br><br> |
| ❽ | **その他（前提事項、制約条件、移行要件、連携すべき既存システムなど）**<br><br> |

## 4 デジタル化チェックシートの使い方

　デジタル化チェックシートは、企業が自社でのDXの現状を把握するためのツールです。また、DX推進を支援する側の金融機関が、取引先のデジタル化がどの分野でどのくらい進んでいるか、把握するためのツールともいえます。

　主なチェック項目としては、デジタル化の観点で「ITインフラとセキュリティ」「業務効率化」「コミュニケーションと顧客対応」「データ活用」等の分野で、何が導入されているか、「実施済み：〇」「検討中：△」「未実施：×」などで答えるようになっています。

　使い方としては、まず各項目に対して現状を「実施済み：〇」「検討中：△」「未実施：×」などで評価します。次に、未実施や改善が必要な項目に対して優先度をつけ、それをもとに具体的なアクションプランを作成していきます。

　このチェックシートを定期的に見直すことで、企業はDXの進捗をはっきりさせ、持続的な改善と成長を促進する方針を明確にすることが可能です。

　金融機関の担当者は、取引先がスムーズに記入できるように案内することはもちろん、記入内容からDXにかかる課題を把握し、解決策を想定します。具体的な導入ツール・システムが分かるのであれば、さらに踏み込んで仕様等ヒアリングすることも重要です。

　必ずしも解決策がデジタル化ばかりではありません。人材の紹介や業務の見直しといった解決方法になることもありますので、様々な可能性を見据え、解決策を絞り込んでいきましょう。

## ■図表14　デジタル化チェックシートの例

| 会社名 | | | 代表者名 | | 記入日　年　月　日 |
|---|---|---|---|---|---|
| 所在地 | 〒 | | | | |
| 業種 | 農業・林業・漁業／卸売業／小売業／製造業／建設業／運輸業／サービス業／保険・金融業／不動産業／飲食業／その他（　　　　　　　） | | | | |
| 事業概要 | | | | | |
| 資本金 | 1千万円以下／～5千万円／～1億円／～3億円／～3億超／個人事業 | | | | |
| 従業員数 | 5人以下／～20人／～50人／～100人／～300人／300人超 | | | | |
| 担当者 | 氏名：　　　　　　　電話番号：　　　　　　　Eメール： | | | | |

以下のチェック項目について、チェック欄に「実施済み：○」、「検討中：△」、「未実施：×」をご記入ください。

| 分類 | チェック項目 | チェック |
|---|---|---|
| ITインフラとセキュリティ | 高速なインターネット接続と安全なWi-Fi設定が整っている | |
| | クラウドストレージでデータを共有している | |
| | ウイルス対策ソフトとファイアウォールが適切に設定されている | |
| | 社員向けのセキュリティ教育とデータ漏洩防止対策が取られている | |
| | 社内でIT担当者が設置されている | |
| 業務効率化 | 二重入力や定形作業をなくし自動化・効率化がされている | |
| | 会計ソフトウェアを使用して、見積書や請求書の電子化や財務状況がリアルタイムで把握できている | |
| | 印鑑や紙での承認を排除し、ワークフローシステムを導入している | |
| | グループウェアによる事務作業の効率化・共有化ができている | |
| | リモートワークが必要な場合に備え、必要なシステムと環境が整っている | |
| | プロジェクト管理ツールなどを用いて、業務の進捗が一目で分かるようになっている | |
| | 業種固有のシステムを活用して、効率化している | |
| コミュニケーションと顧客対応 | 社内外のコミュニケーションが効率的に行えるツール（チャットなど）が導入されている | |
| | 顧客情報と履歴がCRMシステムなどで一元管理されている | |
| | 顧客からの問い合わせに迅速かつ適切に対応できるシステム（チャットボットなど）が整っている | |
| | 顧客がオンラインで簡単に予約や注文ができる仕組みがある | |
| | お問い合わせや注文確認など、自動でメールが送られるよう設定されている | |
| データ活用 | 重要な業務データ（販売、在庫、顧客情報など）はシステムで管理・運用されている | |
| | 作業手順やノウハウがデータベース化され、属人化が排除されている | |
| | ウェブサイトの訪問者数や売上など、分析するためのBIツールが導入されている | |
| | 分析結果がダッシュボードやグラフで可視化されて、共有化されている | |
| | 収集・分析したデータをもとに、改善計画を立てている | |
| マーケティング・営業と | 自社のウェブサイトが作成されており、自社でメンテナンスができる | |
| | SNSで商品やサービスの情報を定期的に発信している | |
| | Google広告やFacebook広告など、オンラインでの広報活動を行っている | |
| | SFAやMAを活用して効率的に業務を行っている | |
| | メルマガやLINEなどを定期的に配信して、顧客との信頼関係構築を行っている | |
| 法的・規制対応 | ウェブサイトやアプリにプライバシーポリシー、利用規約などが掲載されている | |
| | 電子契約システムを導入してオンラインでも確認できるようになっている | |
| | 従業員の労働時間、休日、給与などがシステムで管理されている | |
| | 電子帳簿保存法やインボイス制度にシステムで対応している | |
| | 使用しているソフトウェアが正規であり、ライセンスが適切に管理されている | |
| デジタル化に向けた取組み | デジタル化による生産性向上が期待できる作業がある | |
| | デジタル技術に精通した担当者がいる、または研修・教育プログラムを通じて育成している | |
| | デジタル化推進部門を設置し、専門のスタッフを配置している | |
| | 必要な設備やソフトウェアは各種補助金等を活用して導入したい | |
| | 早急にデジタル化に取り組みたいので、必要な設備やソフトウェアは自社資金で導入したい | |
| DX支援について | すぐにでも現状の課題を解決する方法について助言を受けたい | |
| | 現状の課題を整理してから助言を受けたい | |
| | 現在はデジタル化に着手できる段階ではないので、しばらく様子を見たい | |

# 声かけでDX推進状況を把握しアドバイスしよう

**声かけ 1**

## 経営層はどのように
## DXに関与していますか

（経）済産業省が2020年12月に公開した「DXレポート2」に、「経営者は、経営とITが表裏一体であるとの認識を持ち、DXに向けた戦略を立案する必要がある」旨が記載されています。企業文化や風土を形成するためには、企業のトップ自らが意識改革を率先して行う必要があります。つまり、トップがしっかりとリーダーシップを発揮することが最も重要ということです。

　具体的には、トップ自らがDXの方針と目標を明確にし、それを全従業員に確実に伝える必要があります。方針が明確であれば、各部門やプロジェクトチームも一体となって動き、効果的なDXを推進できます。

　金融機関の担当者は、DX推進がうまく行われているかどうかを把握するためにも、トップの関与について知っておいたほうがよいわけです。例えば、「DXプロジェクトにおいて、経営層はどのように関与していますか。どのような役割を果たしていますか」といった質問を行います。経営層が関与していないという返事の場合は、DXの重要性を十分に理解していない可能性が高いです。その際は、成功事例や失敗事例を挙げて、DXの重要性と緊急性を強調しましょう。

## 声かけ 2
# DXの予算はどのように
# 設定されていますか

**D** Xの予算は、DXプロジェクトの成功に直結する重要な要素です。取引先や関係者に「DXの予算はどのように設定されていますか。どの技術やプロジェクトを重要視していますか」といった質問をするとよいでしょう。予算の見積もりに関しては「どのような基準や指標を使用しているか」「予算配分は事業の優先順位に基づいているか」「何か他の要因が影響しているか」などを確認します。

予算について十分に考慮されていない場合は、以下①〜③のような順でアドバイスを行います。

**アドバイス①**「目標と予算は密接に関連しているため、明確な目標設定が先決です。目標が決まれば、それに基づいて必要なリソースとコストを詳細に見積もる必要があります」

**アドバイス②**「予算を複数の項目に分け、それぞれに優先度をつけることで、資源を効率よく配分できます。例えば、顧客体験向上が最優先事項である場合、それを実現するテクノロジーや人材などのリソースに多くの予算を割り当てるような配分が考えられます」

**アドバイス③**「予算の進捗は定期的に確認が必要です。計画どおりに進まない場合は、早めに修正していけば、失敗を未然に防ぐことができます。また、環境やテクノロジーの変化に対応するため、予算設定や配分は定期的に確認し、柔軟に調整することが必要です」

## DXで利用できる補助金や助成金が あるのをご存じですか

D Xを進める際には、資金の確保が不可欠です。その資金確保をサポートする制度として、国や自治体から様々な補助金や助成金が公募されています。

「DXで利用できる補助金や助成金があるのをご存じですか」などと質問し、取引先がこれらの制度について認識しているかを確認します。認識していれば、これまでに申請した補助金等があるか、そして交付された資金はどのように活用されているかをたずねます。こうすることで、補助金等の活用状況とDXの目標達成に向けた取組みを理解できます。合わせて、どのような業務改善や技術投資がなされたかを把握します。

さらに、「補助金や助成金の申請に際して、何か困難は経験しましたか」などと質問し、困難があったのであれば解決するためにどのような対策がなされたか確認します。

補助金等の利用に関して未検討または不明である場合には、各種補助金等の情報を提供し、適用可能なものがあれば申請を検討してもらいます。申請にあたっては、申請のサポートを行うことも重要です。

補助金等の活用方法が明確でない場合には、資金をどの業務改善や技術投資に活用するか、計画することが重要です。場合によっては、申請に必要な書類を準備するために専門業者の選定も検討することを勧めるとよいでしょう。

## 声かけ **4**

# DXのためにコンサルタント等の 専門家を活用されていますか

**多**くの企業はDX推進を目指していますが、必要なスキルやノウハウを社内に持ち合わせていないことがあります。これを解決するには、コンサルタント等の専門家の活用が有効です。金融機関の担当者は、「DXのためにコンサルタント等の専門家を活用されていますか」などと質問して把握します。

専門家を活用している場合は、どのようなアドバイスやサポートが提供され、どのような成果が得られているかを詳しくたずねます。契約内容を確認し、さらなるサポートが必要か、または改善点があるかを明らかにすることも大切です。専門家を活用していない場合は、専門家の活用がDX推進において有益であることを説明し、信頼できる専門家を紹介し、その活用を検討することを勧めます。

専門家のサポートを受けているにもかかわらずDXがうまく進んでいない場合には、明確な目標と計画を立てる重要性を強調します。具体的には、DXの進捗は定期的にチェックし、必要に応じて計画を見直し、改善することが必要であることを伝えます。そして、現状の業務プロセスや事業内容を把握したうえで、どんなデジタル技術が導入可能で、ビジネスにどのように貢献するかを説明します。

専門家の活用はコストが発生しますが、それに対するROI（投資回収期間）も重要なポイントです。専門家の活用コストとそれによる効果を評価し、長期的なビジネスの成長と利益向上にどのように寄与するかを慎重に検討してもらいましょう。

## DXのための人材確保や人材育成は どのように進められていますか

**D** X推進には適切なスキルを持った人材が必要不可欠であり、そのための人材の確保と育成は成功へのカギとなります。「DXのための人材確保や人材育成はどのように進められていますか」と質問することで、DX推進の取組状況を把握できます。人材の確保や育成が進んでいる場合は、その取組みや成功事例を共有させてもらい、さらにその効果やノウハウについて詳しく聞きます。

もし人材確保や育成を行っていない場合は、以下①〜③のようなアドバイスが有効です。

①DX推進の重要性と、専門スキルを持った人材の確保・育成が企業のDX成功にどれだけ影響するかを説明する

②DXに必要なスキルや知識を身につけるための教育プログラムの設計を勧める。外部の専門家を活用したトレーニングを実施することで、短期間でのスキルアップを目指せることも付け加える

③長期的な視点での内部人材育成の計画と実施の重要性を強調する。必要に応じて、e-learningの活用や研修の受講、および関連書籍の購読などをアドバイスする

うまく人材の確保や育成が進んでいない場合は、次のような取組みについてアドバイスします。まず、人材確保と人材育成の効果測定と評価を行い、改善点を明らかにします。また、人材確保と人材育成がDX推進にどう影響しているかを評価します。そして、総合的な観点で改善活動を継続的に実施します。

### 声かけ 6

# どのようなスケジュールで
# DXを進めていますか

「ど のようなスケジュールでDXを進めていますか」と質問することで、DX推進の進捗状況を把握することができます。取引先が明確なスケジュールを持っている場合は、その計画どおりに進行しているか、どのような成果が得られているか、また困難な点は何かを詳細にたずねます。こうした情報はDX推進の実態を理解するために役立ち、またどのような支援が必要かを判断する材料にもなります。

　スケジュールが未作成の場合は、スケジュールの明確化と優先順位を設定することの重要性を説明します。実行可能かつ効果的なスケジュール作成のために、プロジェクト管理者と連携し、進捗のモニタリングと評価方法を導入することを推奨します。

　進行が遅れている場合には、原因を特定し、それに対処するための具体的なアクションを提案します。遅延の主な原因はリソースやコミュニケーションの不足、または技術的な障壁である可能性があります。これらの問題を解決するためには、必要に応じて外部の専門家を活用することを見据え、適切な対応が必要です。

　スケジュール管理と進捗のモニタリングは、DX推進の管理と成功に不可欠です。適時にフィードバックし、必要に応じてスケジュールを調整する柔軟性を持つことを取引先にアドバイスしましょう。そして、進捗の情報を共有してもらえるよう働きかけることが重要になります。

## DXにおいてデータを
## どう活用されていますか

**D**X推進においてデータを活用することで、意思決定の迅速化や顧客ニーズの把握、需要予測などのメリットが多く得られます。「DXにおいてデータをどのように使い、それによって何を達成しようとしていますか」などと質問することにより、データの収集・分析、および活用に関する現状を把握することが可能になります。

データを効果的に活用している場合には、具体的な方法や取組み、成功事例、成果などを詳しく聞き取ります。これらの情報は、データ活用の実態と効果を理解し、さらなる改善のためのアドバイスを提供する材料となります。

データ活用がうまく進んでいない場合には、データ分析によるビジネス戦略の策定や改善への貢献について説明します。次に、データ収集と分析に利用可能なツールを紹介し、簡単なデータ分析から始めることを勧めます。さらに、データ分析のスキルを持つ人材の確保や育成、または外部の専門家の活用についても提案します。

データ活用がうまくいっていなければ、問題点を特定し、解決策を提案します。例えば、データ品質の向上や、適切なデータ管理システムの導入が必要となる場合があります。

データ活用の取組みは進化させるべきものであり、新しい技術や手法を積極的に検討し、継続的に改善することが重要です。進捗を常に注視しつつ、何かあればアドバイスすることも重要でしょう。

## 声かけ 8
## 情報技術の利用に関するルールや 方針は定められていますか

「情報技術の利用に関するルールや方針は定められていますか」などと聞くことで、IT戦略の策定・実行や、リスク管理、コンプライアンスの確保など、ITガバナンスを含めたデジタル化の取組みの状況を把握することができます。

ITガバナンスの向上に取り組んでいる場合、企業のビジネス目標と合致しているか、またそれがDX推進にどのように関連しているかをたずねます。具体的な取組みや成果、困難な点も共有してもらうことで、ITガバナンスの実態とDX推進の状況を理解できます。

まだ取り組んでいない、または適切に機能していない場合、セキュリティリスクの増大やIT資源の無駄遣いなど、多くの弊害が発生する可能性があります。それを避けるために、以下のようなアドバイスを行います。

最初に、ITガバナンスの重要性とその利点について説明し、企業のビジネス目標とIT戦略が整合する基本的なフレームワークの設計を提案します。次に、ITリスク管理のプロセスを強化し、コンプライアンス要件を満たすための具体的な措置を推奨します。そして、例えば外部の専門家を活用して、ITガバナンスフレームワークの構築と実施をサポートしてもらうことも提案します。

ITガバナンスは、企業のデジタル化とビジネス成長をサポートする基盤となります。定期的な見直しと評価を行い、変化するビジネス環境や技術進歩に対応するために継続的な改善を推奨します。

# データ活用のためにどのような
# 連携体制を構築していますか

　デ ータ活用はDX推進の重要な要素であり、連携体制の構築はその成果を大きく左右します。「データを活用するために、どのように部署間や外部のパートナー企業と連携していますか」などと質問することで、連携体制およびデータ共有の仕組みを把握することが可能となります。

　データ活用における連携体制が整っている場合、連携方法やデータ共有の仕組み、成功事例、得られた成果について詳しくたずねます。そうすることで、データ活用の現状と効果を理解できます。

　連携体制が未整備または非効率な場合は、以下のようなアドバイスを行います。

　最初に、データ活用の重要性と連携体制の構築のメリットについて説明し、データ共有や連携による効率的なデータ活用がビジネスにどれほど貢献するかを強調します。次に、連携体制の構築に向けた具体的なステップを提案します。これには、データ共有のプラットフォームの選定や導入、関係部門やパートナー企業との連携ルールの確立などが含まれます。そして、連携体制の構築とデータ活用の推進について専門家からサポートを受けることも提案します。

　連携体制の運用には、継続的な見直しと改善が必要です。新しい技術の導入や他社のデータ活用事例を調査することで、連携体制を進化させ、データ活用の効果を最大化することが可能となります。また、定期的に評価して最適化すれば有効性は高まります。

## 声かけ 10
## データ・セキュリティのために どのような取組みをされていますか

**事**業でデータを扱う以上、データ・セキュリティの維持は欠かせません。「データ・セキュリティを確保するために、どのような技術やツールを利用していますか」などと質問することで、取引先のデータ・セキュリティ戦略や実施中の対策を把握できます。具体的には、データの暗号化やアクセス制御、ネットワークセキュリティなどの基本的な対策が取られているか、また対策がどれほど効果的であるかなどを詳しくたずねます。

対策が整っている場合、その取組みや成功事例、得られた成果などを共有してもらうことで、データ・セキュリティの実態を把握することができます。

データ・セキュリティが不十分である場合、以下のようなアドバイスを行います。最初に、事故や災害のリスク、データ・セキュリティの重要性と基本的な対策について説明して対策の導入を勧めます。次に、データ・セキュリティの専門家を活用し、戦略の策定と実施をサポートすることを提案します。そして、従業員に対する教育とトレーニングを推奨し、最新のセキュリティ脅威と対策についての知識を提供します。最後に、プロセスと対策の効果を定期的に評価し、必要に応じて改善することを勧めます。

データ・セキュリティは変化する脅威と技術の進歩に対応するため、継続的な対策が求められます。定期的な見直しと最適化を行うことで、DXを安全かつ効果的に推進することが可能となります。

## 声かけ 11
# DXの効果について
# どのように評価されていますか

D　Xの効果を評価することは、企業がデジタル化の進捗を把握し、戦略を適切に進める基盤となります。「DXの効果についてどのように評価されていますか。例えば、どのような指標を利用していますか」などと質問することで、評価フレームワークや指標、および成果を理解することができます。

　明確なフレームワークや指標を活用している企業は、具体的な成果や改善点を共有できます。KPIやバランススコアカード、OKRなどがあり、これらに基づいて効果を測定しています。

　評価体制が未確立の場合は、以下のようなアドバイスをします。

　まず、DXの目的と企業のビジネス目標を明確にし、それに基づいた評価フレームワークと指標を設定することの重要性を伝えます。次に、ビジネスへの成果やプロセス効率、顧客エンゲージメントなど明確な指標を設定し、定期的に評価を行うことについて説明します。そして、DX推進指標（経済産業省が公開する、企業が自社のDX進捗状況を評価するための指標：https://www.ipa.go.jp/digital/dx-suishin/ug65p90000001j8i-att/dx-suishin-guidance.pdf）を採用して進捗を測定し評価することも効果的であることをアドバイスします。このような実務を専門家からサポートしてもらうことも検討してもらいます。

　明確な評価フレームワークと指標の設定は、DXの成功を確実にし、ビジネス価値を最大化するうえで重要なのです。

## 声かけ *12*

## DX推進はどのように
## 見直しを行っていますか

　　　　X推進の見直しは、企業がデジタル変革の進行状況を評価し、
**D** 必要に応じて調整を行う重要なプロセスです。「DX推進につ
いてどのように見直しを行っていますか。例えば、達成した目標や
改善点を確認する手段はありますか」などの質問を通じて、DX戦
略の進行状況と見直し方法を理解することができます。

　見直しを行っている場合は、見直しの周期や使用されているツー
ル・フレームワーク、そして見直しの際に参照するKPIなどを把握
します。例えば、バランススコアカードやOKRなどのフレームワー
クが利用されている可能性があります。そうしたフレームワーク
は企業の目標達成度を明示し、何がうまくいっていてどのような改
善が必要かを判断するのに役立ちます。

　見直し体制が未確立である場合や効果的でない場合は、以下のよ
うな取組みが有効です。

　まず、DXの目的とビジネス目標を明確にしたうえで、それらに
基づいた明確な指標と見直しのフレームワークを設定します。次に、
定期的な見直しのスケジュールを設定し、関係者全員が参加できる
ようにします。場合によっては、見直しのフレームワークの設定や
プロセスを、専門家や金融機関がサポートすることも必要です。

　DX推進における成功事例を参考にし、見直し方法を改善するこ
とも重要です。継続的な見直しとフィードバックを通じて、DX推
進の効果を客観的に評価し、さらなる改善と最適化を図ります。

# 6

# 取引先に伝えたい
# DXシステム等費用の目安

　DX推進においてシステムやツール等の導入が必要になる場合が多く見受けられます。しかし、システムやツール等の導入には、多額の費用がかかることもあり、無駄な費用がかかることは避けたいところです。

　DX推進には、目標達成や効果に見合った投資が重要です。取引先が自身の課題やニーズを踏まえて、目標を達成するのに適したものであるかを確認してもらいます。例えば、顧客管理システムを導入する際には、顧客データをどのように活用して、どのような成果を上げたいかを明確にしたうえで、最適なシステムを選定します。

　場合によっては、導入を段階的に進める中で、少ない投資から段階的に投資額を上げていきます。例えば、RPAを導入する際には、まずは簡単な業務から自動化を進め、徐々に複雑な業務に適用範囲を広げていきます。当初は比較的安価で済みますが、複雑な業務への導入で新たなシステムの開発が必要となれば多額の投資を行うことになるでしょう。導入の道筋とともに、投資額がどのくらい膨らんでいくのか、あらかじめ想定しておくことも重要です。

## 導入にかかる費用の目安を伝える

　取引先によっては、DXにあたりどのようなシステムやツール等が有効か分からないということもあります。また、どのくらいの投資が必要か、目安を知りたいという取引先も少なくありません。

　DXを支援する金融機関としては、有効なシステムやツール等と、

**■図表15　主なツールやシステム等の導入費用の目安**

| ツールやシステム等の内容 | 費用の目安 |
|---|---|
| 顧客管理システムの導入 | 数十万～数百万円 |
| 営業支援システムの導入 | 数十万～数百万円 |
| 勤怠管理システムの導入 | 数万～数十万円 |
| 書類の電子保存の機器の導入 | 数十万～数百万円 |
| 業務管理システムの開発や保守・メンテナンス | 数百万～数千万円 |
| 事務作業を自動化するRPAの導入 | 数十万～数百万円 |
| スマート工場を実現するIoTの導入 | 数千万～数億円 |
| 倉庫業務を簡略化するロボットの導入 | 数千万～数億円 |
| 商品開発のためのIoTシステムの開発や保守・メンテナンス | 数百万～数千万円 |
| 電子マネー決済などのフィンテックの導入 | 数十万～数百万円 |
| ECサイトの開発や保守・メンテナンス | 数百万～数千万円 |
| 学習アプリの開発や保守・メンテナンス | 数十万～数百万円 |
| DXコンサルタントの活用 | 数十万～数百万円 |
| DX人材の採用と給与 | 数百万～数千万円 |
| DX人材の育成 | 数十万～数百万円 |
| パソコンやサーバー、ストレージ、各種ネットワーク機器などインフラストラクチャ | 数百万～数千万円 |

導入にかかる費用の目安を伝えることも重要になります。

　図表15は、DX推進において導入されている主なものと、それらの費用の目安です。実際の費用はツールやシステムの種類・規模、導入方法などによって大きく異なります。あくまでも目安として捉えて、どのくらい投資するか検討してもらいます。

■図表16　業務で役立つ各種無料ツール

| 業務・活用場面 | 対応ツールの例 |
| --- | --- |
| コミュニケーション | Slack、Zoom、Google Meet |
| スケジュール管理 | Google カレンダー、Trello |
| データ収集・共有 | Google スプレッドシート、Airtable |
| データ連携 | Zapier、Pipedrive |
| データの可視化 | Tableau、Google Looker Studio |

## クラウドやオープンソースの利用も有効

　DXを推進する取引先に対しては、ツールやシステム等の導入費用を抑える方法をアドバイスすることも重要です。

　図表16のような、業務におけるコミュニケーションやスケジュール管理、データ収集・共有、データ連携、データの可視化などに役立つ無料ツールを活用することを勧めてみましょう。

　その他、「クラウド型のシステムやツールを利用する」「オープンソースのシステムやツールを利用する」「自社で開発する」といった方法で、費用を抑えることができます。

　場合によっては、投資ではなくて「リース・レンタル契約」「サブスクリプション契約」を有効活用することも一案です。

　ただし、システムやツール等の導入が目的化しては本末転倒です。取引先の状況に応じて、最低限の導入から始まり、一部トライアルし、効果が見えてきたら全社的な導入を進めていくなど、マイルストーンの設計も必要になります。何をアナログに、何をデジタルにするか明確にしつつ、導入を進めていきます。

# 7 DX支援の専担部署への トスアップや連携はこう行う

## 1 業務に関する情報収集とトスアップ

　営業店の担当者は、取引先について事業内容やビジネスモデル、商流、経営理念、経営者の資質といったことを日頃の活動の中で把握しています。特に、融資先については資金繰りを含む財務状況の変化だけでなく事業の強みや弱み、課題などを把握・分析しています。資金面で困難な点がある場合は、解消に向けて融資などを実行します。もっとも、経営上に何かしらの課題やニーズがあれば、迅速に最適なソリューションを提案することが求められます。

　近年、中小企業のビジネス変革が急務となっている中、取引先においてもDX推進は必要不可欠です。各金融機関は自身のDXだけでなく取引先のDX支援にも邁進しなければなりません。営業店の担当者は従前からある業務に合わせて、取引先のDX支援に向けた視点を持ってさらに活動の幅を広げている段階です。取引先のDX支援は基本的に、「取引先の現状分析→施策検討→ツール導入→社内定着」の流れで進めます（次ページの図表17）。

　金融機関によって、取引先のDX支援体制は異なりますが、営業店が最先端の情報収集基地になり、本部の専担部署と協働することになります。体制によっては、本部の専担部署を通じて、外部のベンダーや専門家と協働します（次ページの図表18）。所属金融機関の体制に応じて、営業店の担当者として果たすべき役割は異なりますので、取引先の最善を考えながら活動することが大切です。

■図表17　DX支援の流れ

| 現状分析 | 施策検討 | ツール導入 | 社内定着 |
|---|---|---|---|
| ・現地調査<br>・業務フローの<br>　可視化<br>・課題の深堀り | ・課題解決策の<br>　立案<br>・最適ツールの<br>　選定 | ・要件定義<br>・初期設定等<br>　支援<br>・運用テスト | ・社内勉強会<br>・マニュアル<br>　作成支援 |

※山梨中央銀行「ICT導入コンサルティング」の資料をもとに作成

■図表18　DX支援体制の例

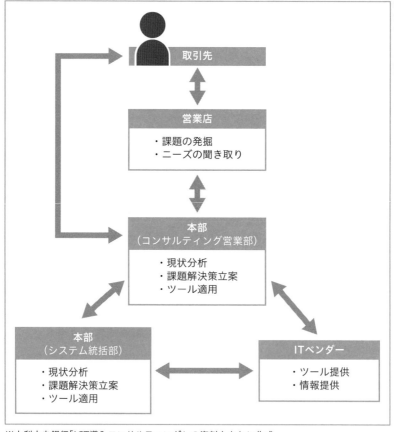

※山梨中央銀行「ICT導入コンサルティング」の資料をもとに作成

## 取引先の業務について聞き取る

　DX支援にあたっては、経営者の考えやニーズだけでなく、総務や経理等の管理部門、営業部門、製造部門、DX推進部門などの状況や課題等も把握する必要があります。まず経営者を通じて現場の担当者がどのような作業や活動を行っているかを聞き取りましょう。ただし、経営者は大枠を把握しているだけで、詳細に把握しているとは限りません。状況に応じて、現場の担当者と接点を持ち、詳しくヒアリングする必要もあります。

　現場担当者との接点が少ない場合には、前もって経営者にDX支援の可能性を理解してもらい、現場の担当者への取次をお願いして、ヒアリングできる機会・ルートを確保します。具体的には、経営者にDXの必要性や課題解決の可能性とともに、所属金融機関のDX支援能力と提供でききるソリューションの概要等を説明します。そして、現場の担当者につないでもらうようにお願いします。特に、DX支援が必要ないと思っている取引先には、このような段階を踏まないと、自分よがりの想いを押し付けることになりかねません。留意しながら、DX支援の意図や意思を伝えましょう。

## 現場で何が悩み事なのか

　取引先の現場の担当者と面談の機会を持つ際には、把握している情報からある程度仮説を持ったうえで、様々な着眼点で話を聞き出します。具体的には、次ページのようなことをヒアリングすることが重要になります。

・業務上どのような事務・工程を行っているか
・承認はどのような手続き・流れで行っているか
・いつ、どのような作業が繁忙になるか、滞っているか
・属人化している業務や作業は何か
・紙ベースで進めている業務は何か
・デジタル化されているのはどの部分か
・部門間のやりとりはどのように行っているか
・現場において何が悩みか、または何を課題と考えているか

など

　例えば「紙が多くて整理作業が煩雑である」ということを聞けば、どの作業に紙を使っているのか、どのような書類が紙なのか、デジタル化しているデータはどのようなものか、承認等で印鑑を使っているのかなどを聞きます。そうしたことから、ペーパーレスは可能か、可能な作業は何かなどを想定します。

「営業担当者の事務負担が多く、営業活動が存分にできない」という悩みがあれば、営業担当者はどのようなことを担っているのか、そもそも営業活動をどのような状況・形態で行っているのか、顧客のフォローをどう行っているのか、情報収集をどのように行っているのかなどを聞き取ります。営業担当者のサポート体制に問題があるようであれば、顧客管理体制や営業情報・ツールの活用などでシステム化したり、デジタルツールを活用したりして、DXにつながることを想定します。

　取引先向けのヒアリングシートがあれば、そうしたツールを活用し、業務の内容やデジタル化の状況などを把握します。

### 想定の課題解決策も伝える

このようにして、取引先の業務の中身や従業員の作業状況等を聞き出して、どのような悩みや問題があるか明らかにします。そして、ある程度課題解決策や業務改善の方策を想定します。

DX支援の専担部署へのトスアップの際には、それまでに取引先から聞き取り把握した情報をまとめておき、想定している課題解決策や業務改善の方策とともに伝えます。

しかし、取引先の業務について現場担当者から聞き取りたくても、そもそも接点を持つことが難しい場合もあります。また、現場担当者からどのような話を聞けばよいのか不安なこともあるでしょう。そのような場合には、前もってDX支援の本部専担者に協力を仰ぎます。ヒアリングのポイントをアドバイスしてもらうか、場合によってはその時点で本部専担者に同行訪問してもらいます。相談のうえ、どのようにDX支援につなげていくか調整しましょう。

## 2 本部専担部署等との連携

営業店の担当者は、本部の専担部署や外部の専門家・ベンダー等を取引先に橋渡しする役割を担っています。本部の専担者と同行訪問したり、取引先をフォローしたりして、取引先のDX推進がスムーズに行われるようサポートします。

具体的には、本部の専担者と同行訪問することになった場合、最初の同行訪問までには、経営者にDX推進の必要性や目的などをある程度認識してもらっていなければなりません。それがない状態だと、経営者はDX支援の専担者が営業店の担当者と一緒に来る理由

が分かりませんし、せっかく専担者が来ても「うちにDXは必要ない」と言われてしまうかもしれません。専担者に無駄足を踏ませることのないよう、前もって面談に向けた地ならしをしておく必要があるのです。

## 融資の可能性を見逃さない

　同行訪問した際には、本部専担者の着眼点や取引先の経営者・現場担当者に対する質問、経営者の回答などを捉えておき、その後の訪問に活かします。

　取引先にDXの障害となるような問題が生じた場合には、状況に応じて解決に向けた行動を起こします。DXはPCDAが早く進むので、定期的な訪問活動でDX推進の進捗を把握しましょう。

　また、所属金融機関が開催するDX関連セミナーに取引先を招待した場合には、セミナー実施後に「DXセミナーはいかがでしたか」

「何かご不明なことはございませんか」「DXの専門家に何かご相談したいことがありますか」などと振って話を聞きます。何かニーズがあれば、迅速に対応することが必要です。

　DX支援は一過性のものではありません。長期的な視点で進める必要があります。取引先によっては段階的にデジタル化を進めることになり、DX推進のステップを回す中で問題が生じることがあります。問題が生じれば、対処する必要があり、取引金融機関としてサポートを継続していくことになります。営業店としては、課題解決に向けて常に関わる必要があるのです。

　DX支援において、必ずしも融資が発生するとは限りません。しかし、長期的な視点で支援を継続する必要があることから、営業店の担当者の「伴走」が求められます。そのような中で、運転資金や設備資金のニーズが発生することは大いにあり得ますので、その機会を逃さないように対応することが大切です。

## 著者紹介 (順不同)

### 生田目　崇 (なまため・たかし)

中央大学理工学部ビジネスデータサイエンス学科教授
1970年生まれ。東京理科大学大学院工学研究科博士後期課程修了、博士 (工学)、東京理科大学助手、専修大学教授を経て2013年より現職。専門はマーケティング・サイエンス、経営科学。著書に『マーケティングのための統計分析』(オーム社)、『データサイエンス』(創元社) など。

### 蛭川　速 (ひるかわ・はやと)

㈱フォーカスマーケティング代表取締役。中小企業診断士
1969年生まれ。中央大学卒業後、㈱常陽銀行を経て2012年から現職。
定量データ分析から企業実務で活用できる仮説抽出のプロセスを考案。
コンサルティングや企業研修によりマーケティング支援を行っている。

### 宮内　京子 (みやうち・きょうこ)

株式会社アキュリオ代表取締役
神戸大学卒業、日本ユニシス株式会社在職時に中小企業診断士、MBA取得し、2016年、株式会社アキュリオ設立。経営革新等支援機関。経営、新事業に係るコンサルティングの他、大学非常勤講師、セミナー講師も務める。

### 香川　和孝 (かがわ・かずたか)

中小企業診断士
慶應義塾大学卒業後、東京商工会議所に入所し経営指導員として小規模事業者の支援を行う。その後、M&Aアドバイザリーを経て、地方銀行系シンクタンクで多様な業種業態の経営コンサルティングに従事してきた。修士 (経営学)。

## 河合　一憲（かわい・かずのり）

三菱UFJリサーチ＆コンサルティング株式会社
コンサルティング事業本部デジタルイノベーションビジネスユニット　デジタルトランスフォーメーション推進部部長・プリンシパル
東京大学大学院・ロンドン大学大学院修了。外資系総合コンサルティングファームを経て現職。官民問わず、幅広い業種にオペレーション改善・基幹系を含む業務／ICT改革の支援からIoT／AIを活用したスマート化の企画実装支援まで幅広い経験・知見を有する。

## 岩﨑　拓也（いわさき・たくや）

三菱UFJリサーチ＆コンサルティング株式会社
コンサルティング事業本部デジタルイノベーションビジネスユニット　デジタルトランスフォーメーション推進部シニアマネージャー
九州大学大学院修了、博士（理学）。国内シンクタンクを経て現職。科学技術動向調査・市場調査、技術戦略立案等の研究開発支援のほか、業務プロセス改善支援、DX推進支援など民間企業・官公庁等を対象に幅広く業務に従事している。

## 山縣　荘平（やまがた・そうへい）

三菱UFJリサーチ＆コンサルティング株式会社
コンサルティング事業本部デジタルイノベーションビジネスユニット　デジタルトランスフォーメーション推進部シニアマネージャー
大手百貨店の店舗、経営企画情報システム、国内総合コンサルティングファームを経て現職。小売・流通を中心にIT導入、DXプロジェクト支援を多数経験。特に顧客接点改革、SCM計画業務の構築とIT、デジタル導入の知見、経験を有する。

# 木下　稔規 (きのした・としき)

三菱UFJリサーチ＆コンサルティング株式会社
コンサルティング事業本部デジタルイノベーションビジネスユニット デジタルトランスフォーメーション推進部シニアマネージャー
SIer、IT系コンサルティングファームを経て現職。官民問わず幅広い業種のオペレーション改善、大小様々な基幹系システムの構想・計画の策定、要件定義からプログラム開発・テストおよび保守運用まで一貫した経験・知見を有する。

# 武藤　健 (むとう・たけし)

三菱UFJリサーチ＆コンサルティング株式会社
コンサルティング事業本部デジタルイノベーションビジネスユニット デジタルトランスフォーメーション推進部シニアマネージャー
東京工業大学卒。外資系総合コンサルティングファーム、国内総合コンサルティングファームを経て現職。官民問わず、幅広い業種に対して、DX戦略立案、CRM・マーケティング、基幹系を含む業務／ICT改革に関する幅広い経験・知見を有する。

# 荒川　明夫 (あらかわ・あきお)

プライマルカラーズ合同会社代表
1976年生まれ。プライマルカラーズ合同会社、代表。独立行政法人情報処理推進機構（IPA）、非常勤職員、立命館大学OIC総合研究機構、客員助教。DX（デジタルトランスフォーメーション）の推進支援を軸に、企業研修、ワークショップ、講演など多数実施。

## 佐々木　城夛 （ささき・じょうた）

オペレーショナルデザイン株式会社取締役／デザイナー

1967年生まれ。信金中央金庫を経てオペレーショナルデザイン設立に参画。沼津信用金庫非常勤参与・富士宮信用金庫非常勤監事。データアナリスト。法制変遷・需要変動等がポートフォリオやマーケティングにもたらす影響を分析し対応を支援。著書に『一番やさしい金融リスク管理』（近代セールス社）ほか。

## 相馬　正伸 （そうま・まさのぶ）

アカリンク合同会社代表社員

1972年生まれ。富士通株式会社、ソフトバンク株式会社を経て、アカリンク合同会社設立。開発者側、利用者側、経営者側、それぞれの現場の課題解決をしてきた経験を活かしてDXコンサルタントを行っている。DX推進等のセミナー講師も務める。著書は『超DX仕事術』（サンマーク出版）。

## 野々川　輝一 （ののかわ・てるかず）

株式会社山梨中央銀行
コンサルティング営業部コンサルティング営業室主任調査役

2001年入行。営業店、システム部門、銀行子会社出向等を経て現職。中小企業に対するICT導入やDXの支援など、多様なコンサルティング業務に従事している。

**銀行業務検定試験 DXビジネスデザイン 公式テキスト&問題集**

| | | |
|---|---|---|
| 2024年3月25日　　初版第1刷発行 | 編　　者 | 経済法令研究会 |
| | 発 行 者 | 志 茂 満 仁 |
| | 発 行 所 | ㈱経済法令研究会 |

〒162-8421　東京都新宿区市谷本村町3-21
電話 代表 03(3267)4811　制作 03(3267)4823
https://www.khk.co.jp/

営業所／東京03(3267)4812　大阪06(6261)2911　名古屋052(332)3511　福岡092(411)0805

カバー・表紙デザイン／樋口たまみ　本文デザイン・DTP・イラスト／㈱アド・ティーエフ
制作／湊 由希子　印刷／㈱加藤文明社　製本／㈱ブックアート

©Keizai-hourei kenkyukai 2024　Printed in Japan　　　　　　ISBN978-4-7668-3511-3